できるリーダーは、「これ」しかやらない

メンバーが自ら動き出す「任せ方」のコツ

伊庭正康
Iba Masayasu

PHP

はじめに

⦿「部下をワクワクさせていますか?」

部下やチームのメンバーをワクワクさせているか、どうか…。

実にイヤな質問の1つです。

でも、答えがどうであれ、今は気にしないでください。

むしろ「ウチのチーム（職場）は大丈夫!」と胸を張る人のほうが、心配です。


そもそも、この〝ワクワク〟とは、どういった状態を指すのでしょうか。

私なりの定義があります。

「部下やメンバーが、挑戦を楽しんでおり、仕事を通じて成長を感じている状態」です。

これは、無印良品、成城石井、デニーズをV字回復に導いたプロ経営者、大久保恒夫氏が語った「プロフェッショナルの条件」（※①）からインスパイアされた定義です。

つまり、そんなエキサイティングな状態こそが〝ワクワク〟だ、と考えています。

きっと、同意していただけるのではないでしょうか。

ただ、多忙を極めるリーダーにとっては、部下をワクワクさせるのは容易なことではありません。

でも、そうありたいものです。だから、この本を書きました。

⦿信頼していた部下からのショッキングな質問

申し遅れました。

私は、研修会社を営む、研修講師の伊庭正康と申します。

前職のリクルートでは、営業リーダー、マネージャー、部長を経験し、37歳で関連会社（社内ベンチャー）の代表になりました。

短期間で成果を出す手法を駆使して「残業しないチーム」を実現したこと、また管理職を務めていた11年間、メンタルダウンする部下や入社3年以内の自主退職者を1人も出さずに済んだことが、ひそかな自慢です。

※①NHK『プロフェッショナル　仕事の流儀』（2009年11月10日放送）より
プロフェッショナルとは、「仕事に楽しく挑戦し、仕事を通して成長できる人。なおかつ部下を仕事に楽しく挑戦し、仕事を通して成長させられる人」（大久保恒夫）

独立後は、累計2万人を超えるリーダー職の皆様に、研修を通じて、この「ワクワクさせるマネジメント手法」をレクチャーしてまいりました。

でも、白状します。

かつての私も「部下やメンバーをワクワクさせられていないリーダー」の1人でした。リクルートで管理職の駆け出しだった時、信頼していた部下からこんなことを聞かれたことがあります。

部下「伊庭さん、この職場の部下を見て、感じることはないですか?」

私「えっ、(じっと、職場を見る)…で、なに?」

部下**「楽しそうに仕事をしている人、何割くらいいるように見えますか?」**

これには、参りました。図星を突かれたからです。

さらに、部下はこう続けました。

「僕らは、いくらでも仕事をします。ただ、業績を出すだけでは不十分なんです。その先のことをもっと知りたいんです。そこは、今こそリーダーである伊庭さんの口から語っていただく必要があると思います」

完全にノックダウンでした。

私は「我々の担当地域でシェアを50％とるぞ！」「この部署で売上30億円を目指すぞ！」とは言っていました。

でも、部下は〝それによって何が得られるのか〟を語ってほしいというのです。

この時の私は、恥ずかしながら、そのことを真剣に考えたことはありませんでした。

本書では、昔の私がそうであったように、目の前のことで頭がいっぱいになっている方に向けて、大切な「リーダーのセオリー」を紹介していきます。

⦿「1人で頑張っていませんか？」

きっと、あなた自身、ますます忙しくなるばかりではないでしょうか。

また、残業削減を厳しく要請されているのではないでしょうか。

そうなると、部下との会話の時間より、ＰＣと会話（ＰＣ作業）をしている時間のほうが多かったりしませんか？

また、部下との限られた会話も、「業務の指示・確認」ばかりになっていませんか？

こうなると、ワクワクではなく、ソワソワする職場になってしまっていても不思議ではありません。

もしそうだとするなら、**あなたは「1人で、頑張りすぎている」のかもしれません。**

もっと部下やメンバーに頼ってもいいのです。

職場の様々な役割を、部下に任せてみてはどうでしょう。

そのほうが、部下も成長しますし、自分たちの組織だと自覚するはずです。

ここまで、時短の要請が厳しくなり、しかも管理職としての業務も忙しいとなると、もはや任せるしか方法はないのです。

そうは言っても…。

たしかに、任せることは簡単ではありません。

その難しさは、私も骨身にしみて理解しています。リクルートで初めてリーダーになった頃、1人で頑張りすぎたため、かえって部下のやる気や主体性を奪っていたという苦い経験があります。

その後、猛烈な反省から、数多くのリーダーを観察し、優れたリーダーシップに共通するセオリーを抽出。さらにそれを自ら実践・アレンジし続けた結果、ある組織では当初わずか5%だった従業員満足率を95%に高めることができました。

⦿「リーダーなんて向いていない」と思っていた私

何を隠そう、私はリーダーになるのがとにかくイヤで、リクルートで営業リーダーになる（させられる）まで、リーダーになることから徹底的に逃げてきたような人間です（小学校時代には、6人グループの「班長」からも逃げました）。

そんな私でも、ちょっとしたコツを知ることで、「任せる」ことができるようになり、リーダーほど面白い経験はない、とまで言えるようになりました。

ですので、今は「任せるのはどうも苦手で…」「リーダーなんて向いていない…」という人も安心してください。

また、意外かもしれませんが、部下は仕事を任せられたとしても面倒だなとは思いません。任せ方のポイントをおさえておけば、むしろ前向きに頑張ってくれます。

この本では、**「任せられた部下がワクワクできる」、そんなマネジメント手法を紹介**していきます。

さて、前置きはこのくらいにしましょう。

この本を全部読んでいただくもよし、目次を見て必要な箇所だけ読んでいただくもよし、いずれにしても必ず現状打開のヒントをつかんでいただけると自負しております。

実際、研修をしたリーダーの皆様から、「生まれ変わった」「盲点だらけだった」、そんな声を多くいただいております。

先日も、あるリーダーの方からこんなお話を伺いました。

辞めようとしていた部下が、奮起して社内表彰を受賞し、その壇上の挨拶で、「視点を変えれば、仕事を面白くできることがわかりました」とスピーチされたそうなのです。

上司の関わり方が変わったことの成果でしょう。

もし部下をワクワクさせられていないな…と思われたなら、今こそチャンス到来です。

今度は、あなたが変わる番です。では、参りましょう！


株式会社らしさラボ代表取締役／研修講師　伊庭正康

目次

第2章

できるリーダーの「部下を覚醒させる任せ方」

第3章 「この人と頑張りたい」と思われるリーダーになる

第4章 部下が「自分からやりたくなる」ように導く

第5章

一丸となって「戦えるチーム」の作り方

第6章 スパッ!と「決められる」リーダーになる

第7章 「リーダーの孤独」を感じた時こそ、勝負どころ

第1章

リーダーの悩みは、「頑張るポイント」を変えるだけで解決する

01 「部下の話」を聞く時間がない…リーダー失格なのか？

部下の話を聞かなければならないのは、わかっている。
でも、本音を言うと、自分のことで手いっぱいで、かまう余裕なんてない。
こんな基本的なこともできないなんて、リーダーとして失格なのか…。

⦿自分のリーダーとしての「能力」が低いのか？

部下の話を聞く時間が持てないのは、能力の問題ではありません。
そもそも、リーダーのやることが増えているからです。

実際、「上場企業の課長に関する実態調査（2017年11月実施／産業能率大学調べ）」でも、約6割のリーダーが、3年前と比べて**業務量が増えている**と回答しています。

プレイヤーをしながらマネジメントをしているなら、なおさらです。

自分の業務が忙しいために、マネジメントが疎《おろそ》かになっていると考えているリーダーも、同じく約6割にものぼるというのです。あなただけではないのです。

私も研修の講師という職業柄、そのことを実感しています。

研修の休憩時間に入った瞬間に、PCを開きメール対応に追われる方も多いですし、研修中も、メールが気になってスマホに手が伸びてしまう方もいらっしゃいます。

ご本人も、こうおっしゃいます。

「なぜ、そうなっているのかわからないけど、いつも何かに急《せ》かされている」と。

本当にそうなのだろうと思います。

会社のリスクマネジメントは強化され、ダイバーシティ体制への移行は不可避になっています。当然、提出物も増えていますし、報告の頻度も増えているはずです。

つまり、**頑張るだけでは乗り越えられなくなってきている**のが、現状なのです。

⊙ちゃんと部下の話を聞くと、残業になる

もちろん、部下の話をしっかりと聞きたいと誰もが思うもの。

でも、部下の話を聞くと、困ったことに自分の時間がなくなるのが現実です。

先ほどの調査では、実に課長の99・2％がプレイヤーとしての仕事を持っており、し

かも約半数（45・1％）は自分の業務に占めるプレイヤー業務の割合が半分より多いと言うのです。となると、個人業務に充てる時間はおそらく1日4～5時間程度。もし、時間をこれ以上とられると、1日2～3時間しか個人業務はできなくなるわけです。

そうなると、残業で対応することになるわけですが、残業規制が厳しくなる中、そうもいかないのが現実でしょう。

部下と話す時間がとれなくて当たり前なのです。

◉「力の入れどころ」を変えれば、解決への糸口が見える

ただ、「力の入れどころ」を変える必要はありません。

実は、かつて私もこの問題について悩んだ1人ですが、「力の入れどころ」が違っていたことに気がつけば、解決の糸口が見えてきます。

「いかに速くやるか」ではなく、「いかに任せていくか」を考えるしか方法はないのです。

例えば、日々の売上の確認。これを〝あなたの参謀〟に任せられないでしょうか？

日々の進捗チェックもそうです。〝その係〟の人に任せられないでしょうか？

新人の教育も、〝他の部署の人〟もしくは〝部下〟に任せられないでしょうか？

そうやって、手分けをして任せていくしかないのです。

でも、こう思う人もいるかもしれません。
「任せられた人も負担になるのでは…」と。
実は、これがそうではないのです。
私が研修で耳にする部下の不満を紹介します。
「もっと、信頼して任せてほしい」「チームでできることはあると思うのに」――。
つまり、**もっと部下や仲間を頼ってもいい**、ということなのです。
ひょっとしたら、「任せる人がいない」ということもあるかもしれません。
その場合は、人を育てるか、協力体制を作るしかありません。
この本では、部下の力を引き出し、チームで対処する方法を紹介していきます。

Point

リーダーの業務が増えた今、「任せる」力が不可欠になっている。

02 「任せられない」のは、部下のスキルが低いから？

自分でやったほうが早いし、出来ばえもよい。教える手間はバカにならない。部下にもう少しチカラがあれば…。

⦿ 経験が邪魔していないだろうか？

もし今、あなたが部下や同僚に仕事を任せていないとするなら、あなたはきっとプレイングリーダーであり、部下よりもその仕事に精通しているのではないでしょうか？

また、部下の仕事のクオリティを見て、自分と比較すると決して満足できるレベルではない、とも考えているのではないでしょうか？

多かれ少なかれ、〝その業務〟に精通していると、こだわりが生まれてしまい、よほどの理由がないと人に任せられなくなるものです。

部下のスキル不足が原因で「任せられない」のではなく、自分がやったほうがベターだと思っているので「任せたくない」、これが本当のところなのです。

白状しますと、かつての私はそうでした。部下を信用していないわけではありませんでしたが、〝その業務〟に精通しているために、細かい点が気になるのです。

企画書の色使いやフォントまで気になります。なので、自分で作成したほうが早いと考えてしまうのです。

営業に同行した時もそうです。商談の肝がわかるので、つい、上司の自分が商談までしてしまうこともありました。これでは、部下の出番を奪ってしまいます。

部下には、自分の姿を見て同じようにやってくれればいい、と考えたりするわけですが、それはエゴでしかないのです。

⦿もし、世の中が自分レベルの人ばかりだったら？

私には変な想像癖があり、ある時、こんな想像をしたことがあります。

人類全員が私レベルの能力なら、縄文時代のままだっただろうな、と。

良い狩猟の方法はわかっても、稲作はもちろんできなかったでしょう。仏教を学ぶためにリスクを冒してまで遣唐使になる覚悟はサラサラなかったでしょうし、それどころか、未知の国や文化に脅威すら感じたかもしれない、と思ったりもします。

バカな喩《たと》えに感じられたかもしれませんが、要は1人でできることはたかが知れている、ということです。

「早く行きたければ1人で進め、遠くまで行きたければ皆で進め」というアフリカのことわざを道しるべにするとよいかもしれません。

思えば、松下幸之助さんが採用した「事業部制」も、今では多くの会社にみられる「カンパニー制」も、組織の〝皆〟の力を最大限引き出すための仕組みと言えるでしょう。

自分以外の「他者の能力」を活かし尽くすことが、組織を成長させるリーダーの務めなのです。

⦿「最初の3年」が、部下の将来を決める？

そんな私でしたが、「とりあえず任せてみる」と決めました。

すると、辞めたいと言っていた部下がドンドン成長し、5年たてば組織の中核となり、嬉しいことに10年もたつとリーダーとなりました。今や自分で会社を興して軌道に乗せている人、会社に残って幹部として活躍する人…その活躍は様々です。

でも、もっと嬉しいのはメンタルダウンしたり、辞めた部下がいなかったことです。

もちろん、いずれの場合も、彼らのポテンシャルによるものが99%だとは思いますが、1%くらいは私も貢献したかもしれない、と自負はしています。

実際、リクルートワークスのこんな調査報告があります。（※①）

最初の3年が肝心で、その時に「上司が部下に、厳しい仕事を任せなかった」ために、4年目以降の成長を遅らせてしまっている、と。

この調査報告は、早い段階で「どんどん任せていけ」ということを示唆していると言えるでしょう。

また、ある経済雑誌に、こんなインタビュー記事がありました。

当時、プロ経営者として注目を浴びていた原田泳幸氏（日本マクドナルド、ベネッセホールディングスなどの社長を歴任）のコメントです。

「まだ、早いと言い、部下に仕事を任せない店長は害でしかない」

強烈な言葉ですが、意味することは同じです。

むしろ、任せたほうが、部下も成長する、これだけは間違いなさそうです。

この本では、そんな「ワンランク上の「任せ方」を紹介していきます。

Point

最初の3年が勝負。
仕事を任せていかないと、部下の成長は鈍化する。

※①リクルートワークス研究所「入社後3年間の上司が与える影響（2010年調査）」

03

あまり叱らないようにしている。でも、イイのだろうか？

部下を叱るのは難しい。嫌われるとやりにくくなるし、もし辞められたりしたら、自分のリーダーとしての能力を疑われる。本音を言うと、叱るのも苦手だし…。でも、こんなんでいいのかな？

⦿〝厳しさ〟が〝パワハラ〟になる時代

「不用意に厳しく接する」のが、とても危険な時代になりました。

本人のためだと思ってやったことが、パワハラと見なされてもおかしくないからです。

実際、この10年でパワハラに関する労働局への相談は3倍に急増しており、中身を見ると「無理な仕事を押しつけられた」というものも紹介されています。(※①)

その上司は青天の霹靂《へきれき》だったかもしれません。

日本能率協会が発表した、２０１８年入社の新入社員に対する意識調査の「理想の上

※①厚生労働省のホームページ「あかるい職場応援団」より

司ランキング」には、若者の傾向を常にウォッチしている私ですら、驚きました。「叱ってくれる上司」のランキングが、4位↓5位↓10位と、3回連続で〝急降下〟しているのです。（※②）

これは良し悪しの問題ではなく、環境の問題でしょう。

彼らが「叱られない時代に育ってきた」から、と考えるとスッキリします。

もう少しだけ解説させてください。

こう考えてみるとどうでしょう。

もし、我々が先生や先輩から〝ビンタ〟をされたらどう感じるか、です。

到底許せないでしょう。でも、昭和の時代は、普通にあったことです。

今、ビンタなんてする先生や先輩なんていません。これが育った環境の違い。

時代とともに、指導の在り方が変わっていくことは必然なのです。

でも、ここで**絶対に気をつけないといけないのは過剰適応**してしまうことです。

何があっても部下を叱ってはいけない、と考えるのは絶対に早計です。

その弊害は確実にあります。

※②日本能率協会「2018年度 新入社員意識調査 報告書」

部下の将来を考える上司ほど、そのことが気になるため、不安になるわけです。

⦿「厳しさ」を「丁寧さ」に変換するだけで、うまくいく

そこで、こうしてみてはいかがでしょう。次のようにアプローチを変えてみてください。

「厳しく伝える」のではなく、「丁寧に伝える」のです。

その時、「これくらいは、できないとダメだよ」といった説教は厳禁。

まず、

「**なぜ**、その業務をお願いするのかを伝える」

「**具体的に**どうやればよいのか、**手順**を伝える」

それだけではありません。丁寧さには、確認も大切です。

「その指示を聞いて、どう思ったかを**確認**する」

「不安な点、不明な点がないかを**確認**する」

「その後も定期的に**確認の場**を設ける」

もし、これができたら、「理想の上司」になること間違いなしです。

実際、前述の新入社員の意識調査にはこんな報告があります。

新入社員たちが思い描く理想的な上司の1位、2位は、次のようなものでした。

1位：部下の意見・要望を**傾聴する上司**（33・5％）
2位：仕事について**丁寧な指導**をする上司（33・2％）

彼らと話をするとよくわかります。

前提にあるのは「自分たちは、知らないことが多い。なので、厳しく指導する前に、キチンと教えてほしい」というのが彼らの本音です。

甘やかしてほしい、なんて誰も言っていません。

この本では、より「丁寧」に指導する実践ノウハウを紹介していきます。

Point

「甘く」するのは間違い！「丁寧」に教えるのが正解！

04

年上への「接し方」がわからず、調整役になってしまう

年上の部下は難しい。時には自分より業務には精通している。教えることなんて何もない。自分の出る幕なんてあるのだろうか…。「調整役」になっているだけにも感じる…。自分じゃないほうが、お互いにとってベターなのでは…。

◉もはや「年上の部下」は、特別なことではない

「年上の部下」が増えているのは、あなたの職場だけではありません。

課長に絞って見てみると、なんと年上の部下を持つ課長は過半数（50・9％）になっているのが、現状。キャリアパスが多様化した今、特別なことではないのです。（※①）

でも、その一方で、年上の部下との接し方に悩むリーダーは少なくありません。

特に、仕事ができる年上の部下を持った時ほど、その傾向は顕著です。

私も経験したことがあります。

※①産業能率大学「第4回 上場企業の課長に関する実態調査（2018年）」

営業力は抜群にある、プロ意識も極めて高い、そんな方々でした。

今までのように営業の手法を指導する、いわゆる「ノウハウ」を教える、といったやり方で介在価値を示せるはずはありません。

でも、ここで単なる**調整役、伝達役になってしまうと、失敗します**。

彼らの多くは、組織の論理を熟知しています。

「だったら、その上の上司と直接やったほうが早い」と見透かすでしょう。

そうなると、リーダーとしての介在価値を示せなくなるどころか、ムダな存在と見なされてしまいかねません。

⦿年上部下にとって、やりやすい上司になるために

逆（部下）の立場からも考えると、シンプルな法則が見えてきます。

「年上の部下」は、どんな年下上司がやりやすいと考えているのか、です。

エン・ジャパン社が同社のサイト「ミドルの転職」のユーザーを対象に行った、「年下上司」に関するアンケート調査の結果は参考になります。


仕事をしやすい年下上司の上位は「謙虚な姿勢」「人の意見を柔軟に受け入れる」ことだと言います。

一方で、やりにくい「年下上司」の上位は、「人の使い方が下手」「知識・知見が少ない」「人の意見を受け入れない」「人望がない」ことだと言います。

こうした結果からうかがえるのは、決して調整役になってはいけないものの、〝謙虚な姿勢〟の大切さではないでしょうか。

ゆえに、まず3つの原則を意識してみてください。

【年上部下にとって、やりやすい上司になる3つの原則】

① 〝判断軸〟を示しておく。

日和見《ひよりみ》になってはいけません。健康問題や危険、人権問題、家族の緊急事態等は別ですが、業務上のことであれば優先すべきはチームの目標や方針です。優先すべき判断軸を明確に示しましょう。

年上部下は経験が豊富です。判断軸が曖昧《あいまい》だと、自分の経験則で判断せざるを得ず、お互いがやりにくくなります。

② 支援者になると決める（柔軟な姿勢で）。

年上部下は、純粋に「仕事に打ち込む」ことで、上下関係のジレンマを乗り越えようとしています。ですので、上司は話を聞きながら、「より良い仕事の進め方」

を一緒に考え、柔軟に環境を整えなければなりません。

③「ぜひ、教えてもらいたい」という姿勢を持つこと。

彼らの経験を侮ってはいけません。かつては部下や後輩をマネジメントしていたこともあるでしょうし、プレイヤーとしての経験も豊富なはずです。社会人としての知見は「あなた以上」に持っていると考えておくぐらいで丁度です。

自分の経験や、ましてや立場で勝負するのは、もはやリーダーではありません。年上部下の「強み」を借りながら、チームのパフォーマンスを最高に引き出すのが、これからのリーダーの条件。

この本では、そんなリーダーとしての強さを持つための手法も紹介していきます。

Point

特に年上の部下に対しては、「3原則」を忘れないようにする。

05

部下が「仕事に本気」にならないのは、自分の責任？

なぜ、彼らは、すぐにあきらめてしまうのだろうか…。

自分の関わり方が悪いのだろうか。もっと本気になって頑張ってほしいなぁ…。

⦿今の時代は、仕事を「ほどほど」にするのがクール？

もっと、本気で仕事に精を出してほしい…。

そんな部下を見ていると、自分の関わり方に問題があるのでは、と思ってしまいそうになります。

でも、話はそう単純なものではなさそうです。

「そこまで、ガムシャラにやる理由は、どこにもない」

それが、彼らの本音だからです。

リクルートマネジメントソリューションズの「新人・若手の意識調査2016」の調

査結果からもその根深さを読み取ることができます。
「仕事中心の生活に対する考え方」に対する回答の上位は以下のとおりです。
1位「**仕事中心の生活はいやだ**」
2位「仕事以外の生活を充実させたいので、**仕事はほどほどにしたい**」
3位「仕事は生計を立てるための手段と割り切っているので、**ほどほどにしたい**」
もちろん、個人によって考え方は異なりますが、もはや、**多くの若手にとっては仕事でガッツリと頑張ることが美徳ではない**、それが当たり前の認識なのです。

◉会社以外に、いくらでも選択肢がある時代

これをどう考えるべきでしょうか。

私は、彼らが間違っている、とは言い切れないと思うのです。

「人からすごいと思われなくてもいい」

この言葉は、天台宗大阿闍梨《だいあじゃり》、故・酒井雄哉《ゆうさい》さんの言葉です。

これは、ヘトヘトになってムリせずとも、自分らしく1日1日を大切に生きればいいという意味。彼らの考え方もこれに共通するものがあると考えれば、捉え方が変わりま

せんか。

実際、彼らと話していると見えてくることがあります。

彼らは不真面目に手を抜こうとしているわけではありません。

むしろ、1日1日を充実させたい、と思っています。


まず、前提が大きく変わっていることを認識しておくべきでしょう。

今、**稼ぎ方、楽しみ方の選択肢は、増えています**。

まず、楽しみ方。お金がなくても、十分に楽しめます。

彼らは、欲しいものがあればメルカリで安く買い、不要になれば売ります。

彼らは、旅行も比較サイトを使います。シンガポールなら片道2万円以下で行けます。

また、稼ぎ方もいくらでもあります。

仮想通貨もあれば、FX等の金融商品、株式投資もあるわけです。

もちろん、「好きなことを副業」で楽しみながら、稼ぐという選択肢もあります。

勤めている会社で出世しなくても、自分で会社を持てば、その日から社長です。

私が担当する研修の受講者と話していても、会社によっては「別に会社を持っていて、今は仲間に任せている」「金融商品で数百万を動かしている」といった新入社員も珍しくはなくなってきました。

◉彼らが「仕事中心の生活」になってもいい、と思う時

それでも、彼らに本気になってもらわなければなりません。

そう思わせるのがリーダーの務めです。実現させるカギは、ただ1つ。

彼らが「打ち込みたくなるよう、1人ひとりに合わせた動機づけを行う」ことです。

先ほどの新人の調査結果には続きがあります。着目すべきは4位です。

4位「打ち込める仕事であれば、**仕事中心の生活になることもいとわない**」

ここにマネジメントの方向を定めれば、十分に活路を見出せます。

この本では、彼ら自身が「今の仕事に、もっと打ち込みたくなる」、そんな動機づけの手法をいくつか紹介していきます。

Point

その仕事が「打ち込むことに値する」とわかれば、彼らは本気になる!

06

部下から「放置されている」とクレーム。子供じゃないのに…

良かれと思って、口出しをしないようにしている…。
でも、部下は「もっと関心を持ってほしい」と言う。子供じゃないんだから…。

⦿「一度、私たちの仕事を経験してみてくださいよ」をどう考える?

あえて、細かく指示せずに「任せている」ことが原因で陥りやすいトラブルがあります。良かれと思って任せているのに、なぜか部下がこう言うのです。

「放置されている。関心を持ってくれていない」

私の研修でもよく聞く悩みです。

部下の意志を尊重したい、と考える上司ほど、このパターンに陥りやすく、正直に言うと、私もかつてこの失敗に陥ったことがあります。

私は、良かれと思って任せていたのですが、部下はそうは思ってくれていなかったのです。

「関心を持ってほしい」と言われてはいたものの、最初の頃は、「任せているのだからさ…」と思いましたし、実際に仕事も問題なくやってくれていたので、「ちょっと、かまってほしいのかな」くらいに思っていました。

そこで、感謝の言葉を増やしてみたりしたのですが、どうもそういうことではなさそうなのです。部下はこう言いました。

「一度、私たちの仕事を経験してみてくださいよ」、と。

このセリフは、こうしたケースに陥った上司がよく言われることです。

では、どうすればよかったのでしょう。

⦿「任せる」と「放任」の違いを明確にしておく

良かれと思ってやっていたことが裏目に出たショックは大きいものです。

やはり、私もショックでした。

そこで、うまくいっているリーダーの行動を観察し、自分なりの「任せ方論」を探ることにしました。

すると、ある重要なポイントが浮かび上がりました。
「任せる」と「放任」の違いは2つだ、ということです。

任せる上司は、この瞬間、**部下がやっている作業を「具体的」に答えられる**が、
放任する上司は、「曖昧」にしか答えられない。

任せる上司は、**部下が感じる〝不便・不安・不満〟を「事実」で答えられる**が、
放任する上司は、「憶測」でしか答えられない。

例えば、社内システムの構築に携わる部下がいたとしましょう。
この時、上司にシステムの知見がなかったとします。
なにも熟達する必要はないのですが、仕事の流れをつかむためには、1回はその業務を経験しておくべきです。そもそも、部下がやっている仕事の流れくらいは知らないと相談にも乗れません。また、的外れな改善策を提案し、かえって部下にストレスを与えてしまうようなことにもなりかねません。

これは、子供にサッカーを教えたり、算数を教えたりするのと一緒だと思うのです。子供に教えるには、下手でもいいのでサッカーがどんなものかは知っていることや、方程式を忘れていても算数がどんなものか知っていることは不可欠です。

その時、子供にテクニックや答えを教えることができなくても、問題はありません。ただ、サッカーの試合を見に行く、算数の内容を知っている、といったことは必要でしょう。それが「関心」を持つ、ということです。

「コーチにこの点を聞いてみたら？」「先生にこの点を相談してみたら？」というように、関心を持ち、知っているから、いざという時にアドバイスができるのです。

今、この「放任問題」が職場で多発しています。

この本では、上司と部下の関係において、さらに効果的な「任せ方」のポイントを紹介していきます。

Point

「任せる」と「放任」の違いを知れば、すべてはうまくいく！

07 細かく指示しないと不安になるのは、気にしすぎ？

遊びじゃないんだから、ミスは許されない。なので細かく指示もするし、確認もする。でも、部下が自分のほうを見て仕事をしているようにも感じる…。

⦿「マイクロマネジメント」が、部下のチャレンジ精神を奪う

マイクロマネジメントという言葉をご存知でしょうか。

細かく部下に指示をしすぎてしまう状態のことを言います。

「わかっていると思うけど、翌朝までに、この箇所に記入を**しておいてね**」

「企画書ができたら、事前に見せてね。間違いがあったら**いけないからね**」

「お礼の手紙は、すぐにださなきゃ**ダメだよ**」

右の傍線を引いた箇所をご覧ください。

「できていないとダメだからね」と言っているわけですから、やさしそうな表現であっても、言われたほうは、かなり窮屈に感じてしまいます。

窮屈なことを好む人は、そうそういないでしょう。

だから、自分で考えることが好きな人や、自由さを求める人ほど、マイクロマネジメントをされると、会社を辞めたくなります。言うなれば、過干渉の親の元を飛び出したくなる子供と一緒と考えるといいかもしれません。

でも、部下が一人前でない場合もあります。

だから、気になるわけです。

では、どうすればよいのでしょう。

⦿不安になるべきは、部下の「成長」を止めてしまうこと

責任感がある上司ほど、マイクロマネジメントに陥りやすいものです。

そこで、**その責任感を「目先のこと」ではなく、「部下を成長させること」に向けてみると、マイクロマネジメントを手放しやすくなります。**

「やらされた仕事」では成長ができないことは、心理学が実証しています。(※①)「目標は未達成だったけど、上司の言う通りに電話を30件かけたのでＯＫ」といったように、他責にしがちになるからです。

そこで**「自己決定感」に着目**してみてください。

自己決定感とは、「自分がそれを決めた」という感覚のことを言います。

この自己決定感が高いと、失敗をしても次の成長に活かすことができる、というのです。

「目標は未達成だった。こうしておけばよかったな。よし、次はこうしよう」と「反省」をし、次に活かすようになります。

星野リゾートの星野佳路《よしはる》社長の口ぐせは参考になります。

同社の会議の光景がテレビのドキュメンタリー番組で放映されていたのですが、最も多かったセリフがこれでした。

「で、どうしますか？」

※①エドワード・デシとリチャード・ライアンの「自己決定理論」

まさに自己決定感を誘発するセリフです。社員の方も、こうおっしゃっていました。

「社長は、自分の手柄にしてくれる。やるしかない」と。


これからはこう考えてみてはいかがでしょう。

致命的なミスでないなら、それも本人の成長の肥やしだ、と。

実際、ミスは無意味なものではなく、部下に色々な気づきを与えてくれます。

言うなれば、一見するとネガティブな存在である「ミス」が、彼らの指導役にもなってくれるわけですから、ミスを逆に利用しない手はありません。

部下がミスしたら、こう言えばいいのです。

「失敗は次に活かせばいい。で、次はどうしますか？」と。

Point

気にかけるべきは、「部下の成長」の機会を奪っていないかどうか。

08

「ケジメのない」状態をどうしたらいいのだろう？

学生気分が抜けない新人には疲れる。イチイチ注意をするもの面倒だし。

でも、このままでは彼らのためにもならない。何かいい手があれば…。

◉あなたの会社の若手は大丈夫？

手のかかる新人が、上司や先輩にとってのストレスとなっていませんか。

例えば、ミスをした理由を尋ねると、

「まだ、教わっていなかったんで…」と平気で答えたり、
できなかった理由を確認すると、

「教わったようにやってはいるのですが…」と答える。

導入研修どうだった？と尋ねると、

「わかっている内容もあったので効率が悪いなと思いました」と上から目線で評価する。

「もっと、謙虚にやれよ！」と言いたくなる瞬間です。

「けじめをつけろよ！」と言っても通用しないでしょう。社会人のマインドセットがインストールされずにデビューしている人もいるからどうしようもないことです。

でも、このような新人は一事が万事で、他部署や取引先にも不満を感じさせてしまっていると思って間違いありません。そうなると、上司としての育成不足が問われても仕方がないでしょう。

⦿これもダイバーシティだと考えると解決する

私のオススメの方法を紹介します。

相手を自分と一緒だとは思わないことです。

育ってきた文化が異なると考え、ルールを教えてあげてみてください。

それだけで新人の態度はずいぶんと変わります。

ちょっと、説明が必要ですね。

例えば、海外で育った人に仕事を教えるのと一緒だと考えてみるのです。

海外に行くと常識の違いに驚くことがありませんか。

先日も私はこんな光景を見ました。

香港のフェリーの中で、隣の男性はスマホから大ボリュームで広東語の何かを流していましたし、後ろの婦人は大声でケンカのような会話をしていました。でも香港ではこれが普通の光景なのです。彼らに問題があるわけではなく、日本と香港で**常識に違いがあるだけのこと**。

もし、彼らと日本で仕事をするなら、ルールから丁寧に教えなくてはならないでしょう。これを新人に当てはめてみるのです。

「職場では、元気に挨拶をしてほしい」

「会議の際は、5分前には入室し、備品に不足はないか確認しておいてほしい」と。

それくらい言わなくてもわかるだろう、と思った時点で歯車が狂い始めます。

⦿教えておくべき、たった1つのこと

とはいえ、アレもコレも教えるのは骨が折れるばかりか、新人も混乱します。

そこで、大事なことを1つだけ教えておくといいでしょう。

私のオススメはこれ。

「すべてのことを〝相手軸〟で想像してみてほしい」と明確に伝え、その都度、フィー

ドバックをすることです。

「今の電話、良かったよ。相手の立場に立っていたね」であるとか、「今の挨拶は、ちょっとダメなんじゃない？（相手軸の視点で）」といったように。

すると、「ケジメのない行動」のすべてが対象となるので、色々なことがドミノ倒しのように変わります。

ジメッとした挨拶も、職場を明るくするような挨拶に変わります。

研修の感想も、受けさせてもらった感謝と学んだ内容の報告に変わります。

相手のことを思うなら、早めに資料も提出するようになります。

つまり、ケジメは、「基準を示すこと」「フィードバックをすること」によって育まれます。「行動・所作」に目をやると、重箱の隅をつつくような批判になってしまいます。

何事もそうですが、「核」が大事です。

Point

アレコレ注意をせず、「相手軸」で考えているのかを常に考えさせる。

第2章

できるリーダーの「部下を覚醒させる任せ方」

01 リーダーの「任せる覚悟」が、部下を覚醒させる

簡単な業務を任せるだけでは、「任せ上手」とは言い難い。

任せることで、部下を覚醒させる上司こそが「本当の任せ上手」。

そのためには、リーダーには「覚悟」が求められる。

◉「裏切られても、かまわない」と腹をくくる

ある時、こんな話を喫茶店のオーナーから聞きました。

レジからお金をくすねるバイトがいたそうです。

でも、そのオーナーは、そのバイトにこう言ったそうです。

「やったことはアカンことや。でも、アンタは見込みがある人や。もうやらへんか？」

そう叱った後、クビにするどころか、またレジを任せたというのです。

すると任されたバイトは、それ以来、くすねるどころか、今まで以上に精を出し、セカンド（店長補佐）を任せられるまでになったというのです。まさに覚醒した瞬間です。

これは「任せる時、リーダーには覚悟が必要となる」ということを教えてくれるエピソードでしょう。

「この人の可能性にかける」という覚悟。そして、「裏切られてしまったら、その時は自分が悪かったのだ」と受け入れる覚悟。

この話を、複数の経営者にしたところ、ほぼこういう反応が返ってきました。

「常に、裏切られるかもしれないという不安はある。でも、任せないと何もできない」と。

⦿「人は必ず変わる」と信じてみる

でも、結果をスグに期待してしまうと、任せられなくなります。

部下はミスもするし、最初は思った通りにはできないのが当たり前。

期待すべきは、スグの結果ではなく、その人のノビシロです。

NHKの『プロフェッショナル 仕事の流儀』で紹介されていた、食品スーパー・成城石井の大久保恒夫社長（当時）のエピソードは、まさにそれでした。

大久保社長は小売り再建のエキスパートとして、ユニクロ、無印良品、デニーズ等の改革に携わった有名な方。その番組では、苦境にあえぐ成城石井のある店長が、覚醒する瞬間が紹介されていました。

部下のハートをつかめない不器用で内気な店長。店舗の重要モニタリング指標は最低点。店の雰囲気も活気がなく、最悪の状態。会社によっては降格になってもおかしくない状況です。でも、大久保社長は、降格にするどころかこう語るのです。

「人は、必ず変わる。だから、変わる〝きっかけ〟を与える。

私は、変わるまで待つ。私は、人を信じている」

後日、その店長に「勢いのある店」を見学するという〝きっかけ〟を作りました。その店を見た店長は、自分のやり方との違いに愕然とします。

悩みぬいた末、店長は覚醒します。店長は部下を集めて、堂々と語ったのです。

「笑顔でお客様と会話ができる店にする、これが私の目標です。

1人ではできません。どうか、力を貸してください。お願いします！」と。

その日を境に彼は部下に思いを語り続けるようになり、店に活力が戻った——そんなエピソードでした。

実は、この店長をよく知る方と話をする機会があり、「このエピソードは本当なのか？」と聞いてみました。「人は本当にこんなにも変わるものなのか？」と。

本当でした。大久保氏が着任する前の成城石井は活気がなかったそうです。でも、大久保氏が着任してから、社内の雰囲気は一変し、業績も好調に。この店長は10年後の今も立派に活躍されているそうです。

リーダーが「まだ、任せられない」という場合、業務遂行の視点でしか見ていないからかもしれません。そうではなく、部下を覚醒させる「きっかけ作り」という視点で判断するのが正解です。

あなたにもパーフェクトでない部下もいるかもしれません。

でも、「信じて任せてみる」のは、いかがでしょうか。

それが、部下を覚醒させる、大きな一歩になるはずです。

Point

「スグの結果」ではなく、その人の「ノビシロ」に期待する、と決めよう。

02 リーダーは自らの経験を封印し、部下に「経験」させる

リーダーが自らの経験を使ってうまくやっても、未来への投資にはならない。
部下のできることを増やし、自信を持たせることこそ、未来への投資。
根拠のある自信を育むためには、ひたすら経験をさせるしかない。

⊙部下のノビシロに期待するなら、「できる」けど、やらない

リーダーに必要なことは、過去の「経験」でうまくやることではありません。必要なことは、未来に対する「投資」です。

部下の育成も投資。

あなたが、過去の「経験」を使ってうまくやっても何の投資にもなりません。部下に仕事を任せ、失敗してもいいので、経験をさせることこそが理想のリーダーなのです。

以前、会社員だった時、新規事業の責任者に任命されたことがありました。

しかし恥ずかしながら、スタートダッシュが悪く、初年度は想定以上の赤字だったのです。すると本社から一通のメールで呼び出しがかかりました。

「副社長が話を聞きたいとおっしゃっています」と。

真っ青になりました。私が言葉を間違えると、その事業が中止になってしまうかもしれなかったからです。

直属の上司が副社長と距離の近い方でしたので、「話をつけてもらえないか」と助けを乞いました。上司同士で話をつけてくれたら、一瞬で決着するはずだったからです。

でも、返事は違いました。こう返ってきたのです。

「(1人で) 行ってこい」と。

青天の霹靂でした。それでも、1人で本社に行き、事情を必死に説明した結果、応援をしてもらえることになりました。そして、この**経験が私の甘えを断ち切ることになり、責任感を強めることになった**のです。

⊙経験を通じて「何を学んでほしいのか」を考える

上司は、私に自覚を持たせようと考えたのでしょう。

当時の私が甘かったのだと思います。なので、「行ってこい」とあえて突き放したのです。

口で教えるより、「経験」が一番の勉強だと、つくづく感じます。

ですから、あなたなら簡単にできることでも、部下に克服すべき課題があるなら、あえて部下に経験をさせてみてください。

もし、次のリーダーに育てたい部下なら、チーム全体をみる仕事の一部を任せていく。挑戦心が低い部下なら、小さな挑戦をさせ、成功体験を通じて自信を持たせる。自分勝手な孤高の部下には、後輩の面倒を見させ、失敗をさせることで、考えるきっかけを与える。

あなたの部下を見渡してください。課題はないですか。期待があれば、必ず課題はあるはずです。

さっそく、「一皮むける経験」をさせてあげるのはいかがでしょう。

⦿任せる時は、部下の特性や成熟度をよく考える

ただし、部下の特性をよく見極めないと、部下をつぶしてしまうことにもなりかねません。

気にかけるべきは、部下の成熟度です。新人には、細かくやり方を教えることが不可欠ですし、中堅には、自分で考えさせるといったことが重要です。


また、部下の段取りの良し悪しも見るべき点です。

任せたはいいものの、仕事が処理しきれず、残業が続くとなると本末転倒です。

段取りの悪い部下には、段取りの付け方も含めて関与しないと、つぶれてしまいます。

時には、先輩社員とペアでやってもらうといったサポートも必要でしょう。


そして、**いかなる部下でも、任せる時にはひとこと伝えてほしい言葉**があります。

「どう、できそうかな？」です。

意志を確認することで、部下に〝わがこと〟感を持ってもらいます。

この後、待ち受ける困難も、乗り越えてくれるようになるでしょう。

Point

自分でやらず、失敗をしてもいいので、部下に挑戦させよう。投資だと思って。新人にも！

03

こうすれば、新人にも仕事を任せられる

「新人だから、任せるのはまだ早い」と思った瞬間、新人の成長は遅くなる。
新人にも仕事を任せられる上司こそが、新人の成長を加速させることができる。
ムリをさせることなく、丁寧に任せていく方法を習得しておきたい。

⦿任されるのはイヤ、と思っている新人

リクルートマネジメントソリューションズの調査レポート「今年の新入社員は何を求めているのか？（2017年）」の中に注視すべき結果があります。

「仕事を任せること」を上司に期待している新人の割合は、約5％。

なんと20人に1人しかいないというのです。

だからといって、「じゃあ、任せるのは難しいな…」と躊躇するのは早計です。

そうじゃないのです。

甘くしたところで、「ココでは成長できない」と見切られるだけです。

第1章でも述べました。

新人の4年目以降の成長は、最初の3年の経験で決まる、と。

またそれは、彼らが「克服すべき険しい経験」ができるかどうかで決まるのだ、と。

だから、部下の成長を願うなら、最初の3年、つまり新人のうちから、少しずつ「チャレンジ」をさせておかねばならないのです。


ただ、無作為に任せると、新人はつぶれてしまいます。

良かれと思っても、次のような会話はダメ。

「ちょっと、わからなくて…。どうしたらいいですか？」と聞いてきた部下に、

「まずは、君が正しいと思うようにやってごらん」と答えてしまう…。

これでは部下を不安にさせるだけです。

では、どうすればいいのでしょうか。

⦿新人には、「一緒に、丁寧に」のスタンスで任せていく

もちろん、新人に任せていいのです。

ただし、**新人に任せる際のキーワードは、「一緒に、丁寧に」**です。

先ほどの調査データで、「新人が上司に期待すること」の上位は次の2つでした。

1位：「相手の意見や考え方に耳を傾けること」（47％）
2位：「1人ひとりに対して丁寧に指導すること」（40・1％）

任せる際にも、この要素を取り入れるのです。
まず、新人に仕事を任せる時は、次の5点をおさえてみてください。

【新人に仕事を任せていく方法】

(1) **リスクの低い「チーム（職場）の仕事」**を積極的に任せていく。
(2) 5W1Hの観点で**「具体的な進め方」**を伝える。
（なぜ任せるのか、何をするのか、どのように進めるのか、いつまでに仕上げ、途中経過報告をするのか、わからない時はどうするのか等）
(3) 伝えた後、**「不安な点」「不明な点」**がないかを確認する。
(4) **念のため、本人に「やること」を復唱**してもらう。
(5) その後、「できたかどうか」を**お互いで確認し、良かった点をほめる。**

こうすれば、新人に仕事を「任せる」ことができるばかりか、「耳を傾けてくれる」「丁寧に教えてくれる」と、むしろ感謝されます。

私もこの手法を覚えてからは、「資料作成」「お客様の声を収集する」といったリスクが低く、新人でもできそうなチームの仕事を、少しずつ任せられるようになりました。

きっと、あなたの職場にも低リスクな「やらざるを得ない仕事」があるのではないでしょうか。

それを任せればいいのです。部下の成長のスピードが、まったく変わります。

１日でも早く「頼れる人材」になってもらうためにも、ぜひ少しずつトライしてみてください。

Point

任せないのはお互いのためにならない。「一緒に、丁寧に」で、任せていこう！

04

任せ上手なリーダーは、あえて「失敗談」を語る

「スキのないリーダー」では、部下の主体性を引き出すのは難しい。できるリーダーは、丁寧さに加えて、自らの「失敗談」を語ることで、フェアウェイの広さを感じさせる。フェアウェイが広いほうが、部下は思い切ってフルスイングできるのだ。

◉「背中を見て覚えよ」は職場を地雷原にする

先日、名古屋の駅前で入った食堂でのこと。

「オレの背中を見て覚えろ」と言わんばかりに、部下のことはそっちのけで、テキパキと動く店長が厨房を仕切っていました。その姿は、まるで早回しのよう。

実際、店長がテキパキ動く後ろに、動いているバイトもいれば、ただ立っているだけのバイトもいました。

「何かをするべきなんだろうけど、勝手にやったら叱られそうだし…」

あたかも、どこに地雷が埋まっているかわからない…そんな雰囲気。

早回し店長は、立っているだけのバイトに言い放ちます。

「ボサッとしちゃダメよ。お客様、お待ちになっているでしょ」

バイトは、どうしてよいのかわからず、キョロキョロとします。

早回し店長は、間髪入れずに言い放ちます。

「キョロキョロしても、意味ないよ。今は、何をする時？」

とりあえず、勇気を出して、皿を移動させようとするバイトの動きを横目でキャッチするや否や、地雷が爆発。

「そうじゃないでしょ。今は、何をする時？」


教育のつもりだとは思うのですが、これではバイトは続かないでしょう。上司が、自分のやり方へのこだわりが強すぎ、その上「背中で見て覚えてよ」という態度では部下は恐怖しか感じません。

この早回し店長ほどでなくても、プレイヤーとして活躍していた人ほど、細かなところが気になるものです。

では、どうすればいいのでしょう。

部下のフルスイングを期待するなら、むしろ「フェアウェイ」の広さを感じさせなければなりません。

⦿「上司の恥ずかしい失敗談」が、部下の主体性を引き出す

研修講師という仕事をしていると、多くの管理職の方々と接します。

離職率が低く、部下の主体性も高い、そんなできる管理職が決まってやっていることがあります。彼らは、**「あえて、失敗談を語っている」と言うのです。**

「私の新人の時はさ、目標達成のプレッシャーで、お客様視点が消えていたんだよね。お客様から叱られて、ようやく気づいた。恥ずかしい経験だけど。お客様視点を失わないようにしないとね」といった感じ。

これは、部下の主体性を引き出す絶大な効果があります。

部下たちは言います。

「今はすごい上司でも、昔はそうだったのか、と思うと安心できる」と。これはまさに広いフェアウェイ。この上司なら多少の失敗も許してくれると安心するのです。

また、部下の主体性を引き出す上司たちに一致しているもう1つのことは、わかっていることでも、**わからないフリをして、教えてもらう姿勢**をとるということです。

「新人に、どんな歓迎をしたらいいかな？」

「そうですね。全員でウェルカムメッセージを書くのはいかがでしょう」

「なるほどね〜。その手があるか。お任せできると嬉しいんだけど…どうかな？」

「わかりました。みんなで考えてみますね」

わからないフリをすることで、部下が安心して自由に発言できることがわかります。

大事なことは、「自由に発言しても大丈夫という心理」です。

これを専門用語で心理的安全性と言います。**この心理的安全性を担保する手段として「失敗談」を語ったり、「わからないフリ」をしたりするのです。**

「弱み」を見せてください。そのほうが、部下の主体性は確実に高まります。

Point

部下の主体性を引き出すために、あなたの「弱み」をうまく見せよう。

05

むしろ、「実績がないリーダー」をお手本にする

卓越した実績がないとリーダーは務まらないと考えるのは間違い。やり方によっては、プレイヤーとしての実績や経験がないほうが有利になる。実績、経験がある人こそ、実は気をつけなければならない。

⦿「経験のない人にかなわない」とはどういうことか

先日、3人のジム経営者とこんな会話になりました。
1人は、元プロボクサー。体はガチガチ。
もう1人は、現役ボディビルダー。体はムキムキです。
そして、最後が、なんと元編集者。
そこで、話題になったのが、
「〝経験がない〟は武器になる」ということ。

　ここで、元編集者の方がおっしゃったのです。

「ジムのことは、まったくわからない。なので、**部下に聞きながらやるしかない**。任せてみると、想像もしていなかった提案が出てくる。良さそうだと思ったら、まずはやってみる。なんとか、部下のおかげで計画通りにはいっている」

　こう謙虚におっしゃっていましたが、コンディションを整えるジムという斬新なコンセプトで順調に成長されている、今や注目のジムなのです。

　同様に多くの経営者から、「経験のない人や若い人にはかなわない時がある」と聞きます。良いと思ったら、**「禁じ手」を躊躇なく繰り広げる大胆さがある**、と言うのです。

　つまり、経験がないからこそ、現場を知る部下の意見を聞きながらやるしかなく、その提案が「禁じ手」であっても素直に取り入れてみる。そんな大胆さが「任せ上手」につながるのです。

　そして斬新な新商品・サービスといったものは、多くの場合「禁じ手」から生まれるものです。先ほどのジム業界でも、食事制限中心のライザップだって、暗闇でエクササイズをするビーモンスターだって、従来型のジムに言わせれば「禁じ手」でしょう。

◉「経験のないリーダー」の戦い方をマネする

では、経験のあるリーダーはどうすればいいのか。

「部下の意見を聞きながら、〝禁じ手〟と思われることも実験してみる」ことです。

どこまで、こだわりを捨てられるかが勝負どころ。

そして、やり方は、実にシンプルです。

【「任せ上手」になるアクション】

・自らが出向き、部下、取引先の声を聴き、現状を知る。

・その際に、部下、取引先に、「3つの不（不満、不便、不安）」を教えてもらう。

・自分なりの「仮説」を立てる（こうすればいいのではないか？）。

・複数の部下から、意見を聞く。

・部下から提案をしてもらう（既成概念をとっぱらって）。

・まずは、小さく実験して、新たな「勝ち筋」を作る。

ここで、**大事なことは「自分なりの仮説」は立てておくこと。**

そうでないと、部下からの提案を鵜呑みにせざるを得なくなります。

決めるのは、みんなではなく、あくまでもリーダーと心得ておきましょう。


もし、この半年を振り返って、部下からの発案が少ない、もしくは主体性が足りないな、と感じることがあるなら、ボトムアップ型で提案を求めてみてはいかがでしょう。

あなたが感じている職場の問題、商品サービスの問題があるなら、絶好の機会です。部下にどう思うのかを尋ねてみるといいでしょう。

もちろん、それ以外の問題があるかを話し合ってみるのもオススメです。上司の経験、発想を超える「禁じ手」が生まれるかもしれません。

どうでしょうか。例えば、この1カ月で「禁じ手」をスタートさせてみるのは。

その繰り返しが、あなたのリーダーシップスタイルを確固たるものにするでしょう。

Point

ボトムアップで、部下の意見を聞きながら、〝禁じ手〟と思われることを実験しよう。

06
トップダウンとボトムアップを使い分ける

いくらボトムアップと言っても、さすがに「君（たち）が、やりたいようにやれ」は、禁句である。部下から、無責任だと思われても仕方がない。この場合、トップダウンとボトムアップの使い分けを覚えておくと、スッキリする。

◉民主的すぎるリーダーの落とし穴

最近、増えているリーダーのスタイルに「みんなで決めたい」というものがあります。これ自体は、間違いではありません。でも、「じゃ、みんなが言うならそうしよう」とか、「じゃ、君が言うならそうしよう」というのは、ダメです。

もし失敗したら「誰の責任なのだ」という展開になってしまうわけで、これでは、**部下は「仕事を任された」のではなく、「責任まで任された」ことになってしまいます**。

先日、こんなことがありました。

かつての会社で私が管理職だった時の新人が、その10年後、組織を率いるまでに成長し、嬉しいことに、研修講師として彼に手ほどきをする機会に恵まれたのです。

元部下でしたので、遠慮なくストレートに懇々と伝えたのがこのことでした。彼は、「みんながこうしたいと言うので、これをすることに決めました」と言うのです。

私は遠慮なく、こう切り返しました。

「もちろん意見を聞くのは大事。でも、コレは誰が決めたの？　今の会話だと、部下がそうしたいと言うから、というように聞こえるけど？」

「みんなで決めたんです」

「じゃ、これが失敗したら誰が責任取るの？」

「えっ…どうでしょう…そりゃ、私ですかね…」

「そこまで考えていた？」

「なるほど…そこまで、考えてなかったです」

彼は一生懸命で、みんなの意見を大事にしたい気持ちは120点ですし、長年の付き合いですので、彼の最高の人柄も十分に知っています。

では、彼はどうすればよかったのでしょう。

⦿「方針」はリーダーが決め、「方法」はメンバーが考える

トップダウンとボトムアップの使い分けを知ることです。その際のポイントが、これ。

やるべきこと（方針）はトップダウンで決め、やり方（方法）はボトムアップで任せる。

参考になるのは、車両清掃を請け負う「株式会社ＪＲ東日本テクノハートＴＥＳＳＥＩ」の元おもてなし創造部長・矢部輝夫氏のやり方。矢部氏は車両清掃の仕事にホスピタリティを持ち込んだ第一人者と言われており、この会社の清掃の鮮やかさは、ハーバード・ビジネス・スクールのケーススタディにも登場するほどです。

今ではエクセレントカンパニーと言われる同社ですが、元々は従業員のモチベーションが低かったと言います。「掃除をすればいいだけ」、そんな空気が蔓延していたのです。

そこで、矢部氏がリーダーとして方針を明確に打ち出します。

「清掃を通して、旅先の思い出を売るのだ」と。

その上で、みんなで考える機会を設けました。

駅のホームで駆けまわる子供は危ないものです。そこで、じっと待てるように「ぬり絵」を作ったのもスタッフからの提案でした。ほかにも「駅構内になかったベビー休憩室を設置」「新幹線は男女兼用のトイレしかなかったので、女性専用トイレを設置（JR東日本の新幹線のみ）」。これらも部下からの提案で導入されたもの。

つまり、**方針、やるべきことは、リーダーがトップダウンで決めるからこそ、部下のボトムアップを効果的に引き出せる**わけです。

「みんなで決めた」と言うリーダーが増えていますが、決めるのはリーダーです。

ぜひ、「方針」「やるべきこと」はリーダーが決め、「方法」をみんなで考えるようにしてみてください。そのほうが、部下はやりやすくなります。

Point

やるべきことは「トップダウン」。やり方は「ボトムアップ」で！

07 「任せる」と「放任」の違いを理解しておく

せっかく「やり方」を任せているのに、なぜか「もっとかまってほしい」と部下は言う。そう言ってくる部下はまだいい。大半の部下は、上司には言えず我慢する。そうやって部下の不満は大きくなり、ある時に爆発する。様々な形で…。

⦿任せていたはずの「優秀な部下」が、爆発する時

まず、私の恥ずかしい経験を吐露します。

リーダーになりたての頃、2人の部下から同じクレームを受けました。

いや、正直に言うと言い合いになりました。

「伊庭さんのために、ここまでやっているのに、もっとかまってほしい」と。

若かった私は、こともあろうに、こう言い返してしまったのです。

「信頼して任せているのに…！

しかも、俺のためって、そりゃおかしい。お客様のためやん！」と。

「もう伊庭さんの仕事はしたくないです！」

無知とは恐ろしいもので、完全にリーダーとしての自覚が欠如していました。プレイヤーの延長で、「仕事とはお互いがプロ意識を発揮するものだ」としか考えていなかったのです。完全に、経験則の押しつけでした。

でも、これ、**プレイヤー時代に自立して、サクサクと仕事をしていた人がリーダーになった時に起こりがち**な出来事。

「さびしい」「不安だ」なんてことを仕事に持ちだすことなく、そんな負の感情は封印しながら闘ってきた、そんな人ほど要注意。

「かまってほしい」なんて感情を仕事で持ちだすことは選択肢にすらなかった私にとって、最初はまったく理解ができませんでした。

でも、これではリーダーは務まりません。

仕事を任せていく、一緒に仕事をしていくには、「負の感情」に寄り添うことは絶対の条件なのです。そのためにリーダーが横にいる、と言ってもいいでしょう。

任せ上手な上司とは、この「負の感情」に寄り添うことを知っている人なのです。

⦿「任せる」と「放任」の違い

第1章でも述べた、「任せる」と「放任」の違いをおさらいしておきましょう。

【放任ではなく、「任せている」の基準】

- ・今、部下がやっている**作業を具体的に言える**こと（その時点で）
- ・今、部下が抱えている**負の感情（不安、不便、不満）を把握**していること
- ・やったことに対して**フィードバック**を行うこと（感謝する）

そもそも、任せられたほうは、「何か起こった時、どうしたらいいのか」という不安を抱えているものです。

ゆえに**部下は、上司に現状を知っておいてもらいたい**のです。

また、やったことに対して、「これで良かったのか」という不安も抱えています。なので、うまくいっている時こそ、「フィードバック」が大事なのです。「かなり、いいよ。ありがとう」といったように。

それが「手ごたえ」となり、次も頑張ろう、となるわけです。

先ほどの部下にもこの3つを実践しました。その後は、強い結束が生まれました。

加えてオススメの方法を紹介します。

1週間、もしくは2週間に1回は会話をする時間を持ってみてください。

立ち話ではなく、テーブルに座って。

メールではダメ。フェイストゥフェイスが基本です。こういうことは、「顔を見て話す」ことが大事なのです。場所が離れているなら、FaceTimeやSkypeでもいいでしょう。

「今週もありがとう。助かったよ。

何か、私のほうで知っておいたほうがいいことはある？」と聞きます。

数分でも構いません。いや、場合によっては数十秒でもいいのです。

これだけでも、任されたほうは安心します。

Point

部下の「負の感情」に寄り添えるようになろう。

第3章

「この人と頑張りたい」と思われるリーダーになる

01 プレイングリーダーは、モードのスイッチを切り替える

プレイヤーとリーダーを同時にやるのは、思っているよりも簡単ではない。時間がない、ということ以上に「自分のことを犠牲にできるかどうか」が問題なのだ。このジレンマを乗り越えた時、本物になれる。

⦿「ハンバーグを焼きながら、サラダを作る」レベルではない

プレイングリーダーは、部下との会話に十分な時間をさけない、といった悩みがあるのではないでしょうか。

これは、プレイング業務とリーダー業務が**「対立」の関係**にあるからです。

喩えとしては適切ではないかもしれませんが、ワーキングマザーが仕事モードで家事や育児をできないように、リーダーもプレイングモードでは部下のマネジメントはできません。どちらもが中途半端になってしまうでしょう。

「美味しい夕食を作るために、ハンバーグを焼きながらサラダを作る」といったいわゆ

る**「補完」の関係ではない**のです。

うまくやるコツは、**部下と接する時（機会）、その瞬間にリーダーモードにスイッチを完全に切り替える**ことなのです。

⦿リーダーモードでは、「私心」を出さない

では、リーダーモードとは何か。

プレイヤーが、自らの業績ミッションのために邁進するとするならば、その逆。

リーダーは、自分のことは完全に横に置きます。

チームのため、部下のため、サービスのため、を起点に考えるのです。

そして、１つのルールがあります。

「リーダーモードは、常に、プレイングモードを凌駕する」

つまり、**常にリーダーモードを優先する**ということ。

そう、ここが重要なのです。

例えば、あなたが営業職だとしましょう。部下からどうしても商談に同行してほしい、と相談があるならば、必要とあれば、自分の企画書作成や営業活動を横に置くわけです。

喩えるなら、子供が風邪をひいて熱を出しているなら、病院へ連れて行くために仕事

の調整をつけるのと同じように、部下のモチベーションが下がっているなら、リーダーは自分のやりたいことを横に置いても、面談を持つことをしなければなりません。

自分の業務を優先すべきかどうか迷った時は、「緊急度」と「重要度」で考えるとわかりやすくなります。

緊急度とは、〝今〟それをしておかないと、いけないことかどうか。

重要度とは、それをしておかないと、とりかえしのつかないことかどうか。

これらが高い場合は、周囲に迷惑をかけるので、部下より、こちらを優先しないといけません。

それ以外のことは、部下を優先する、それが正解です。

⦿でも、そんなことをしていたら自分の時間がなくなる…

リーダーは自分のことは差し置くべきだと申しました。

そうなると、自分の業務をする時間がなくなってしまいます。

結局行き着くのはここ。**「任せる」ことなのです。**

どんどん、任せないと、時間はなくなります。

あなたの業務を見直して、あなたがやらなくてもよい仕事はありませんか。

業者さんとの打ち合わせなら、部下と2人で出席しなくてもいいかもしれません。

日々、行っている新人との面談。メンター制を導入すれば、あなたの部下がお姉さん、お兄さん役として新人の面倒をみてくれるかもしれません。

小さなことですが、朝礼や会議の司会をリーダーがやるのは、あまりいい手ではありません。そこは部下に仕切ってもらったほうが、部下の主体性も高まるでしょう。

くどいようですが、もう一度。リーダーは自分のことは差し置くべきと申しました。でも、深夜残業をしている場合ではありません。業務を可能な限り、手離れさせなければならないのです。ぜひ、勇気をもって任せていきましょう。

Point

部下の前では、自分のことは横に置いておくと決めよう。

02 プレイヤーとしては優秀だった人の落とし穴

プレイヤーとして活躍していた人は、「頑張るのが当たり前」「成長するのが当たり前」と考えがちだ。でもこれでは、リーダーは務まらない。「成長しなくていい」と考える部下もいる。たとえ理解はできなくても、受けとめる。これが基本の姿勢である。

⦿えっ、成長したくないの？

プレイヤーとして活躍した人ほど、リーダーになった時、注意が必要です。**頑張ってきた人ほど、「当たり前」の基準が1つしかない**からです。

かくいう私もその傾向があったので、苦労しました。

営業だけはなぜかできたものですから、「トップセールスになりたい」と考えるのが普通だと思っていたのです。

「コレができたら、どこでも通用する営業になれるよ」

「トップセールスになるためにも、ビジネス書を読んだほうがいいよ」

「トップになるのは、努力ではなく、〝正しいやり方〟が大事なんだよ」

といったような持論を力説していました。


ある部署にリーダーとして配属された時のことです。

1人の部下からこう言われました。

「私は、成長とかは、いらないです。ただ、責任は果たします」と。

頭が真っ白になりました。

「えー、もったいないこと言うなよ」

その言葉をネガティブにとってしまった私がひねり出した言葉でした。

「つい、ダメ出しをする」。これが、基準が1つしかない上司がする反応です。

⦿異なる価値観を理解するために

まず、持論を語る前に、相手の価値観に関心を持つ。

そんな当たり前のことを、できるプレイヤーほど見落としがちです。

まず、こう考えてみてください。

自分はこう思う。

でも、きっと、相手は違う。

まず、どんなことを考えているのか聞いてみよう。

理解できなくてもいい。

ただ、受けとめることはできる、と。


先ほどの「成長したくない部下」も、よくよく話を聞くとこういうことでした。

最初に入社した会社がいわゆる〝ブラック企業〟だったようで、お客様の事情を無視して商品を売りつける、そんな会社だったようなのです。

ほとんどの同期は退職したといいます。

でも、彼は、その会社でも辞めずに頑張ろうと、もがきました。

そして、たどりついたのが、「心を無にして、責任だけを果たす」という方法だったのです。これが、彼のベースとなってしまっていたのです。

私は、この考えに賛成はできませんし、歓迎もしません。

でも、受けとめる。いや、受けとめるしかないのです。

その人の価値観は、そうそう変わりません。大事なことは、その背景を知ることです。


こんな時、私が上司としてできることは、2つ。

1つは、彼に、積極的に仕事を任せながら、彼らしく結果を出してもらうこと。

でも、こうも考えます。

彼が上司になった時、この考えでは、やっていけなくなるだろう、と。だから、もう1つは、会話を重ねながら、ほかの視点もあることを少しずつ伝えていくことです。


まとめます。

まず、否定はしない。いかなる価値観も、まずは受けとめる。これが基本。

プレイヤーとして活躍した人ほど、要注意です。

Point

いかなる価値観も否定せず、受けとめることから始めよう。

03 夜間・休日に、部下にメールを送らない

今、この瞬間に部下に伝えておきたい。忘れてしまいそうだし、明日には別の仕事があるので、夜のうちにメールを送っておこう――。多くのリーダーがやりがちだが、これはＮＧ。任せ上手を目指すなら、「夜のメールは部下にはプレッシャーかも」と相手を思いやる想像力が必要。

⦿2000年代とは常識が変わった

かつては、夜や休日のうちに部下へメールをしても、何の問題もありませんでした。でも、今は違います。人事部も容認できない、重大な問題行動になっています。

仕事を任せた部下のことが気になっても、夜や休日にメールをしてはダメなのです。

これも時代の常識が変わったことが大きく影響しています。

1つは時間外労働にあたる、といったコンプライアンスの観点から。

もう1つは、部下が必要以上にプレッシャーを感じてしまう、といったリスクマネジメントの観点から。部下がメンタルダウンしたり、そこまでいかずとも、離職をしてしまったりすると本末転倒です。

「なんて、ひ弱な！」と思われた方もいるかもしれません。


そうじゃないんです。

ビジネスのルールが「厳格」になった、それだけのこと。

ウチの会社はそこまではない、と思われたとしたら、その考えは危険です。

会社がそうであったとしても、新人の離職率に影響が出る可能性は高いのです。

だって、転職エージェントに行けば、好条件の仕事をいくらでも紹介してもらえる時代です。


「ウチの会社は、大丈夫でしょ…」は、通用しません。

⦿任せ上手は、「相手の価値観」に配慮する

とはいえ、努力だけで常識を変えることは、なかなか簡単ではありません。

そこで、こう想像してみてください。

「異国・異文化で育った部下に仕事を任せるとしたら、どうするか」、と。

常識が異なるため、「自分と違って当然」と思うためのリセット術です。

私にも外国人の部下がいましたが、職場がいくら忙しくても、6時になるとピタッと帰りました。

また、大手メーカーに入社したスペイン人の知人（新人）は、有給休暇を取らない理由がまったく理解できないと言います。

友人の会社に勤めるアメリカ人の女性は、「飲み会が家族同伴でないのは困る」と言っていました。

「常識は1つではない」と思えてきませんか？

仕事をドンドン任せていくためにも、この感覚、つまり**「自分とは違って当たり前」をスタンダードに**しなければなりません。

⦿どうしても夜のうちに送っておきたい時は？

さて、話を戻しましょう。

夜のメールも同じ。それを非常識と捉える人もけっこういるのではないか、部下にプレッシャーを与えてしまわないか、といったように想像する力も必要です。

また、部下には夜、休日はゆっくりと過ごしてもらう配慮が不可欠でしょう。

どうしても、今この瞬間に送っておきたいなら、タイマー設定しておけば、翌朝に届きます。この感覚を持てるかが大事なのです。

まとめます。部下に仕事を任せたとしても、無自覚に、夜や休日にメールを送ることはやめておきましょう。それがプレッシャーとなり離職やメンタルダウンを誘発したり、また「この上司の下ではやってられない」と不信の温床になる可能性もあります。

「自分とは違う。そして相手を尊重する」

この感覚を持つことは、任せ上手になる基本です。

Point

任せていくためには、自分のこと以上に、相手への配慮を大事にしよう。

04 意識すべきは、「信用」と「信頼」の違い

部下がうまくやった時、その成果を讃えることは誰もがする。
でも、これだけでは、部下の心をつかめない。
部下が失敗した時、それでも受けとめてくれるリーダーを部下は待っている。

⦿「信用」と「信頼」は、まったく違う

イチを言えば「5」も「10」もやってくれる。そんな部下がサポートしてくれたら……と思ったことはありませんか。

不可能なことではありません。逆の立場で考えてみてください。

「この上司のためなら」と思えた上司はいなかったでしょうか。いわゆる、尊敬できる上司です。約7割の人が、尊敬できる上司に出会った経験があるそうですから（2018年、エン・ジャパンのアンケート調査）、可能性は十分にあります。

つまり、そんな上司になればいいわけです。

そのためには、まず「信用」と「信頼」の違いを知ることが出発点です。


【信用とは】

言ったことは必ずやってくれる。わからないことをきっちりと教えてくれる。

いわゆる、**〝きっちりとしている〟こと**。


【信頼とは】

どんなことがあっても、「自分の味方」になってくれる。たとえミスをしても、うまくいかなくても、信じてくれる。

いわゆる、**〝認めてくれ、大事にしてくれている〟こと**。


あなたが目指すのは、もちろん「信頼」です。解説しましょう。

⊙信頼は、ミスをした時のひとことで決まる

先ほどの調査には続きがあります。尊敬できる上司の「どんな点」を尊敬しているかについても質問しているのですが、その回答にヒントがあります。

若手もベテランも1位は一緒。仕事ができる、ではないのです。
1位は、「人柄が信頼できる」。（なんと、6割も！）。

そこに掲載されている、部下の声を私なりに要約すると、こんな感じです。

・ミスをした時、真っ先にフォローしてくれた。
・叱った後で、「お客様も大切だが、部下を守ることが私の仕事だ」と気遣ってくれた。
・素晴らしいと常に認めてくれた。認めてくれるからこそ、結果を出したいと思った。
・上司の給料が高いのは、部下がミスした時に謝る仕事もあるから。私を給料泥棒にしないためにも、いっぱいミスしなさい、と言ってくれた。
・矢面に立ち、かばいながら部下の強みを引き出してくださった。

いかがでしょう。つまり、**ミスをしようが、それでも部下を大事にしてくれる上司。**
そこが我々が目指すベストポジションです。

私も、思い出すことがあります。

一プレイヤーだった時、営業目標をギリギリで達成できなかったことがありました。かなり、落ち込みました。その直後、上司から電話がかかってきたのです。

「蕎麦でも食べに行かない?」と。

叱られるのかと思いきや、蕎麦を2人で食べながら、こう言われたのです。

「よく頑張った。悔しいだろうけど、いい勉強だ。**今の調子で頑張れ**」と。

その瞬間、「この上司のために頑張りたい」と思いました。


最近、結果が出ていない部下、少しモチベーションが下がっている部下、あまり目立っていない部下、同期に先を越された部下…。こうした気になる部下がいれば、声をかけてみてはどうでしょう。**上司から認められる効果は上司が想像しているより絶大**です。

きっとあなたのために頑張ってくれるはずです。

Point

ミスをした部下、元気のない部下にこそ、声をかけてみよう!

05

効果的な〝ほめどころ〟を知る

「よくやった」「おめでとう」「ありがとう」だけでは、「ほめ上手」とは言い難い。ほめることで部下の「やる気」を高める上司こそが、「本当のほめ上手」なのだ。リーダーになったら、まず「ほめどころ」を覚えておきたい。

⦿ただ、ほめるだけでは意味がない

「あなたは、この1週間で部下をほめたことがありますか？」

と私の研修で聞くと、9割の人が「ある」と答えます。

でも、「何をほめましたか？」と聞くと、

・手伝ってくれたことに対して

・お願いしたことをやってくれたことに対して

・目標を達成したことに対して

といったように、「結果」または「努力」に対して、ほめていることが多いのです。

実は、このほめ方では、それほどモチベーションは上がりません。**行動に変化をもたらすぐらいに、モチベーションを高めるのは、「能力」や「内面」をほめた時**なのです。

ほめる対象で子供のモチベーションはどう変わるのか、そんなほめどころの違いが与える効果を研究した調査結果があります。（※①）

ゲーム中、おはじきを他人に分け与えた子供に対して、以下の2通りのほめ方をした時、どちらの子供がたくさんのおはじきを分けたでしょうか。

A：「他の人に**分けてあげた**のは、ホント素晴らしい」とほめられた子供。
これを「**外的帰属**」といい、出来事や結果をほめる方法。

B：「分けてあげたんだね。**その思いやり**が、ホント素晴らしい」とほめられた子供。
これを「**自己帰属**」といい、その人の能力や考え方をほめる方法。

結果は、B。「自己帰属」でほめられた子供のほうが分けたおはじきの数が多く、また2週間後もほめられたことの影響は維持されていたというのです。

※① Grusec,Kuczynski, Simutis, & Rushton, 1978

⦿ほめるスキルは、できる上司の必修科目

これは、「ポジティブポライトネス」というものを知ると、整理がつきます。

ポジティブポライトネスとは、他人から認められたい、好意を持たれたいという欲求。想像してみてください。仕事の現場は当然成果を求められますので、部下がポジティブポライトネスを満たせる機会は少ないと思いませんか。

だからなのです。結果を厳しく求められる職場だからこそ、部下の内面をほめると効果てきめん。

冒頭のケースを使って、「自己帰属」でほめてみるとこんな感じになります。

・手伝ってくれて、ありがとうね。いつも、**優しい**ね。助かるよ。
・彼がお願いしたことをやってくれたんだね。**思いやり**が嬉しいよ。ありがとう。
・目標達成、おめでとう。本当に**頼りになる**よ。ありがとう。

どうでしょう。上司から、こんなほめ方をされたら、「もっと、頑張ってみようかな」と思いませんか？

参考までに、面白い調査結果をご紹介しておきます。どんなほめ言葉をよく使うかやどんなほめ言葉の好感度が高いかを、性別・年代別に調べたものです。（※①）

それぞれ人気度の上位5項目は以下の通り。

《10～20代　男性》「優しい」「明るい」「楽しい」「話しやすい」「元気」

《10～20代　女性》「優しい」「明るい」「楽しい」「話しやすい」「かわいい」

《50～60代　男性》「優しい」「明るい」「思いやりがある」「元気」「頼りになる」

《50～60代　女性》「優しい」「明るい」「思いやりがある」「元気」「頼りになる」

多少の違いはありますが、ほぼ同様の結果です。

ほめる言葉が出てこない時に、参考にしてみてください。

ほめるスキルは、できる上司の必修科目。なかでも、「結果」や「努力」だけでなく、**「能力」や「内面」をほめることはぜひ覚えておきたいポイント。**そうすれば、「この上司は認めてくれている。もっと頑張りたいな」と思ってもらえることでしょう。

Point

ほめる時は、結果や努力だけでなく、部下の内面をほめよう。

※①林宇萍・林伸一「ほめる」使用頻度と「ほめられる」好感度（2）：10代・20代の同性・異性間の差異（2005年）／同（4）：50-60代の同性・異性間の差異及び他の世代との比較（2008年）

06

最高のリーダーは「会社のため」と言わない

三流のリーダーは、「業務の指示・確認」と「ご機嫌取り」しかせず、二流のリーダーは、「目標を達成しよう」「シェアNo.1へ！」と会社の幸せを熱弁する。では、一流のリーダーは、何を熱弁するのか？

⦿グローバルの幹部が「どうしても伝えたかった」こととは？

そもそも、なぜ毎日通勤電車に揺られ、ヘトヘトになりながら出勤してまで頑張らないといけないのでしょうか。

「生活のため」。これは当然です。

でも、これでは、「イヤなことを仕方なくやっている」と言っているのと一緒です。

いかなる仕事でも、誰しも、「やりがいを感じたい」と思っています。

新たな視点から「やりがい」に気づけることは、「この人と頑張りたい」と思わせるリーダーの重要なスキルなのです。

ある大手企業で見たシーンを紹介しましょう。

私が若手社員への研修講師をしていた時のこと。

たまたま来日されていたその会社のグローバルの幹部が、突然来られたのです。わざわざ研修会場に来られる幹部は、なかなかいません。

これには、受講者の方はもちろん、私も驚きました。

どうしても、ひとこと伝えたいとのことでした。

その幹部は、教室の前でゆっくりと、わかりやすい英語でこう話されました。

「リーダーに重要なことは、頑張ることを強いることではありません。

何をなすべきなのか、どうしてやらねばならないのかを考え、部下に伝えることです。

そしてやるからには、ムダに頑張るのではなくスマートにやってください」

わざわざ、そのことを言いに来られたのでした。

では、なぜ、わざわざこのひとことを言いに来られたのだと思いますか？

⊙常に、「They」の視点で語る

実はこれこそリーダーの基本行動なのですが、多くのリーダーが何をなすべきか、なぜやらねばならないかを言わないままに、部下をいたずらに頑張らせようとしています。

リーダーが語るべきなのは、社内でNo.1になるとか、目標を達成しよう、といったことではありません。

社会やお客様のために何をなすのか、ということなのです。

私は、これを「They（社会の〝誰か〟、またはお客様等）」の視点と呼んでいます。

部下は、たとえ定型業務であっても、「この仕事が誰かの役に立っているはずだ」と感じたいと思い、新たなやりがいを求めているのです。

別の事例を紹介しましょう。これも、私が講師をする研修でのこと。

ある人材サービスの会社で活躍する20代の女性リーダーは、こうおっしゃいました。

「私は高卒なので、かつて仕事を探す際、やはり不利を感じていました。

でも、学歴にかかわらず、実力のある人はいます。

学歴や何かしらの条件でチャンスが少ない人の門戸を広げたいと考えています。

例えば、サイバーエージェントといった人気企業で、中卒の人が活躍している、そんな世界があっても、いいのではないかと思っています。
これは、我々のような人材サービスを介さないと、難しいでしょう。
我々は、そんなチャンスクリエイターでもあるのです」

いかがでしょう。まさに「They」の視点で、リアルな思いを語られています。
このようにTheyの視点で捉えると、部下も「やりがい」を持てます。**「やりがい」に気づかせてくれるリーダーは、部下にとっては救世主のようなもの。「この上司と出会えてよかった」と思える瞬間です。**

では、どうすれば、そんな「They」の視点を持てるのでしょうか？
その方法を次項で紹介します。

Point
まず、「お客様、もしくは社会のために頑張る」と言えるようにしておこう。

07 リーダーになったら、まず「使命」を探そう

「放っておけない」こと、それが使命。名リーダーには、必ずこれがある。でも、いきなり使命なんて持てるものではない。必要なのは考える時間を持つこと。これこそ、さなぎから羽化するがごとく、プレイヤーがリーダーになる瞬間でもある。

⦿誰もが「They」を語れるようになる方法

「They」の視点で思い入れを持てるようになるには、2つのアプローチがあります。私が研修でレクチャーしている方法を紹介しましょう。これで見つからない人は、20人中1人の確率。95％の確率で見つかる方法です。

1つは、あなたの〝経験〟から考える**「経験アプローチ」**。

2つ目は、Theyの「不（不安、不便、不満）」を探す、または思い出す**「Theyの〝不〟アプローチ」**です。では、具体的な方法を紹介しましょう。

◉「経験アプローチ」とは？

1つ目の「経験アプローチ」は、先ほどの「高卒の女性」のアプローチがまさにそれ。本人の経験をベースに考えます。この「経験アプローチ」にも2つのやり方があります。

《悲しみアプローチ》

過去の自分みたいに悔しい（または悲しい）思いをしている人がいるはず。
もう、誰にもそんな思いをさせるわけにはいかない。
だから、今の目の前の業務に真剣に取り組まねばならない、というアプローチ。

《反省アプローチ》

ある出来事をきっかけに、**この仕事の〝かけがえのなさ〟に気づかされた。**
もっと魂を込めてやらねばならない、と強く反省した。
だから、目の前の業務に真剣に取り組まねばならない、というアプローチ。

先ほどの「高卒の女性」のアプローチは、前者の「悲しみアプローチ」になります。
つらい経験を自己開示するため、勇気はいりますが、部下の気持ちをわしづかみにする効果があります。

後者の「反省アプローチ」は、親、友人、もしくは知っている誰かが「何気ない仕事に使命感をもって真摯に向き合っている姿」を見て、仕事の本質に気づかされた、というアプローチです。これも、心を打つ効果があります。

⦿「Theyの〝不〟アプローチ」とは？

もし、このアプローチでも難しいようなら、2つ目の「Theyの〝不〟アプローチ」でトライしてみてください。これはThey（社会）の「不（不安、不便、不満）」を探す、または思い出すアプローチです。

《「不」を探すアプローチ》

街に出たり、取材する等を通じて、「不」を知るアプローチ。

例えば、TSUTAYAの創業者、増田宗昭氏もこの方法をとっていると語っています。常識破りのビジネスを次々と生み出す増田氏ですが、思いつきではなく、「人は、どうなったら幸せを感じるのか」と、街を歩き回りながら考える中で、事業アイデアに自分の思いが宿ると言います。

《「不」を思い出すアプローチ》

あなたの**エンドユーザーの〝リアルな光景〟を思い出すアプローチ**。

私の研修を受けた銀行のATMを開発するプログラマーもそうでした。

彼が思い出したエンドユーザーは、1人のお婆さん。

ATMの操作に手間取り、行列が出来てしまっていたそうです。お婆さんが、申し訳なさそうに頭を下げて去っていく光景を思い出したと言います。それが、誰もが安心して使えるATM開発をやらねばならない、と考えるきっかけになりました。

さて、あなたは、どのアプローチで、使命を見出せそうでしょうか。

いずれにも共通しているのは、「空想」ではなく、「リアル」な経験。

あなたが使命を部下に語れば、単調な業務でも「やりがい」を持てる大きな一歩になるでしょう。ここはリーダーとして絶対に必要なステップ。ぜひトライしてください。

Point

リーダーになったら、「放っておけない使命」を考えよう!

08

「仕事を面白くする方法」を伝える

仕事が単調でつまらない、と思っている部下だと、本気では頑張ってくれない。
でも、ほとんどの仕事は単調なものである。あなたの会社もそうかもしれない。
だとするなら、仕事を面白くする方法を教えねばならない。

⦿「面白い」のではなく、「面白くする」のが正解

「仕事自体が面白い」ことを前提にするのは、現実問題として厳しいでしょう。
「仕事は面白くする」ものです。
面白さを教えるのではなく、面白くする方法を教えるのが、上司の役目。

例えば、営業のテレアポもそうでしょう。1日に何十件と電話をかけ続けるわけです。
伝票処理もそうです。来る日も来る日も、伝票チェックをし続けます。
プログラマーもそうでしょう。常にコードの入力をする日々が続きます。

これら多くの定型業務は、いずれAIにとって代わられるかもしれません。

そうなったら、人間が従事する職種は変わることでしょう。

でも、**「仕事を面白くするチカラ」は永遠**です。変化の激しい時こそ、必要な力です。

では、リーダーは、どうやって仕事を面白くする方法を教えればいいのでしょう。

オススメの方法があります。

あなたの「仕事の流儀」を伝えるのです。譲れないこだわりです。

部下に「流儀」を伝えておけば、「仕事を面白くする」方法を伝えることにもつながります。まず、この空白を埋められるようにしておいてください。

《あなたの「仕事の流儀」》

仕事をやる上で、大切なことは、

　　　　　　　　　　である。

ちょっと、唐突すぎましたね。参考例を紹介します。

NHKの『プロフェッショナル 仕事の流儀』という番組では、各界の第一人者たちが自らの「流儀」を語っています。

・〝当たり前〟を否定すること（IT技術者　及川卓也氏）
・圧倒的な結果を残すこと（プロ野球選手　イチロー氏）
・100－1＝0と考えること（ホテル総料理長　田中健一郎氏）

リーダーの「流儀」が伝われば、部下の意識は変わります。

◉世界一、キレイな羽田空港

羽田空港は、複数回にわたって「世界一キレイな空港」として表彰されています。（※①）その立役者の1人が、現場の清掃リーダー、新津春子さんです。

例えば、トイレの床が〝くすんで〟いた時のこと。くすみは落とすのが難しいものです。でも、新津さんはあきらめません。どうしたと思いますか？

なんと、薬品を混合し、専用器具を作り、なんとか落とせないかと考え始めたのです。そして、その試行錯誤が効を奏し、床が真っ白に。

それだけではありません。通りすがりのビジネスパーソンに対しても、元気いっぱいに「おはようございます！」と声をかけます。

※①英国スカイトラックス社の評価

でも、なぜそこまで頑張るのでしょう。ここに新津さんの「仕事の流儀」があります。
「自分の家だと思ってやること（だから少しでも気持ちよくお出迎えしたい）」
上司から、こう言われたことで開眼したそうです。
「あなたは掃除の技術はあるが、心がない」と。
そこから、考え方、器具の扱い方、ふるまい、すべてが変わったと言います。
今、新津さんは、リーダーとして、多くの部下に「流儀」を伝えていらっしゃいます。
そうやって、職場の意識が変わり、世界一キレイな空港になったのです。
職場ではもちろん、数字の会話、業務確認の会話も大事です。
でも、本当に伝えておかねばならないのは、「仕事を面白くする方法」なのです。

Point

仕事の流儀を語れば、「単純作業」すらも「エンターテイメント」にできる

09

いい人より、「格好いい人」であることが大事

上司に「格好よさ」は絶対に必要である。野暮ったい、古めかしい上司ではダメなのだ。「身なりを整える」のはもちろん、「刺激を与えてくれる存在」にならねばならない。ここに高度なスキルは不要。「リーダーとしての習慣」として取り入れているかどうかである。

⊙いい人だけど、刺激を受けない上司

「サラリーマンの唯一絶対のリスクは上司です。

上司がアカンかったら、ビジネス人生の半分以上がダメになる」（※①）

こう語るのは、東京都初の民間人校長としても著名な藤原和博氏。

これは、本当にそうだと思います。

私が見てきた限り、「一丁あがり」感のある上司の下では、部下は育ちません。

※①文化放送「The News Masters TOKYO Podcast」より

「一丁あがり」とは、過去の経験と実績が拠り所になっており、能力や感性をアップデート（更新）しようとしない、そんな上司。ひとことでいうと、好奇心が薄い人。

「いい人だけど、あまり勉強にならないな。職場を変えたほうがいいかも…」

こうやって、いわゆる上位校出身者や向上心のある優秀な部下から辞めていきます。

常に好奇心を持ってインプット（学習）する人に、部下は刺激を受けます。

でも、自分では、「一丁あがり」になっているかどうかなかなか気づけないもの。誰かが指摘してくれるものでもありません。そこで、ちょっとチェックをしておきませんか？　もし、次のうち2つ以上の☑がつかなかったら、赤信号です。

□日経新聞を読み、時にはトピックを部下に伝えている。
□業界新聞もしくは業界雑誌に目を通すことで、仕事に必要な業界知識を収集し、最新の事例を部下に伝えている。
□ビジネス書を月に1～2冊は読み、時にその内容を部下に伝えている。
□社内のうまくいっている事例があれば、話を聞き、その情報を部下に伝えている。
□社外のうまくいっている情報を仕入れ、部下に伝えるようにしている。

いかがでしょう。これは部下を持った上司の最低限のインプットだと考えてください。

もし、☑がつかないようなら、部下はあなたを刺激不足と感じているかもしれません。

◉「ボス充」は武器になる

今、**ワーク・ファミリー・エンリッチメント**という考え方が注目されています。

ワーク・ライフ・バランスは「仕事とプライベートのバランスを適正に保つ」という考え方ですが、ワーク・ファミリー・エンリッチメントは「充実したプライベートは仕事に」「充実した仕事はプライベートに」と双方が良い影響を与え合うという考え方。

プライベートのことを職場ではあまり話題にしない、という上司は少なくありませんが、今の時代においては賢い選択ではありません。

人と組織の在り方を研究するリクルートマネジメントソリューションズは断言しています。「生活を楽しみ、社外活動が充実しているマネジャーは、会社や社会にいい影響を与え、メンバーから信頼されています」と。またそのように、ボスが充実している状況を〝ボス充〟と呼んでいます。

同社の「ボス充実態調査（２０１７）」でも面白い結果が出ています。

社外活動が充実している上司のほうが、若い部下から魅力的に映っており、20代だと

約4割が魅力に感じると言います。さらに、上司に社外活動での学びを、職場でも共有してほしいという部下は6割にも上ると言います。

家族との出来事、趣味、ボランティア、勉強…すべてに精通する必要はありませんが、少しでも、プライベートの一端を自己開示することもリーダーとして効果的です。

例えば、私が懇意にさせていただいているリーダーは、数百人の部下を率いる多忙な生活をしながらも、年に数回、世界各国に渡航されます。海外の価値観に触れることで、常に感性をアップデートさせるためだそうです。

きっと、あなたにも趣味があるでしょう。それを語るだけでも充分。おおげさに考えずとも、まずはプライベートを自己開示する、それだけでも部下はあなたに「ボス充」を感じることでしょう。逆に、「忙しくて本も読めない」とか「家に居場所がない」「休日はごろごろ」といった言葉は、不用意に口にしないようにしたいものです。

Point

好奇心にあふれ、充実した生活を送っている上司でいよう!

10 部下の「希望」に火をつける

それほど高い収入がなくても、生活するのに困らないのが今の日本。
そこそこ責任を果たせば問題ない、と考える若者も少なくない。
では、彼らの心に火をつけるには何が必要なのか？
今の時代、上司が知るべきポイントである。

⦿「希望がない職場」と「ある職場」の決定的な違い

「希望学」という学問をご存知でしょうか。
東京大学社会科学研究所の「希望を持つための要素」を研究する学問です。
その研究成果にこんな報告があります。（※①）

「20代や30代の若者の間で、自分の将来の生活や仕事に希望があると答える割合は趨勢的に低下している」「一方で現在の生活に満足している若者の割合は高水準を維持して

※①「希望学の10年を振り返って」（玄田有史、『学際』2016年1月）

おり、その意味で若者の間で不幸感が蔓延しているという証拠はない」

実は、私が担当する研修の受講者でも、「希望がある」と回答する人は2～3割。たしかに、少ないように感じます。でも、実は会社によって、その比率は変わります。ある銀行では、20人中0人。希望がない職場と言っても過言ではないでしょう。あるIT企業では、なんと8割が「ある」と回答。まさに希望に満ちた職場です。

では、いったいこの差は何によって生まれるのでしょうか。

取材をすると、1つのことが見えてきました。

上司の関わり方です。**上司が、部下の「未来」に関心を持っているかどうか。**

具体的には、**面談の機会を設け、「将来の夢」、「やってみたいこと、なりたいもの」を話し合う機会があるかどうか。**

そして、希望に焦点を当ててくれる上司の下で働く部下は、定型業務であっても、そこに自分の未来を投影し、モチベーションを高く保てているのです。

例えば、クレーム対応の仕事。決して、ワクワクするような仕事ではありません。

でも、その職場の部下を取材すると、こう返ってきます。

「いつかはリーダーになりたい。その時、ここでの苦労が必ず活きると感じている」「将来、事業を起こしたいと考えている。これくらいできないと経営者にはなれない」

先述の希望学でも、こう論じています。希望を持てるか持てないかは、体験による刺激からだと。その刺激こそが、上司との「将来を語る機会」なのです。

⊙モチベーションがトップクラスの会社が行う面談とは？

私のクライアントに、リンクアンドモチベーション社のモチベーションサーベイの偏差値がトップクラスの会社があります（なんとモチベーション調査の偏差値が約80）。

超高収益の急成長企業で、今では就活学生にも人気の企業です。

その会社では、1週間に1回、必ず面談をしています。

業務のことだけではなく、「会って会話をする」ことが大事、との位置づけの面談。

その会社の方々と話していて、驚いたことがあります。

Ｗｅｂエンジニアの方が多く、どちらかと言うと専門職志向のはず。

それでも、**6～7割が、「事業部門の責任者になりたい」とおっしゃるのです。**

聞くと、面談で色々とやってみたいことが見つかったと言うのです。

面談の話題は、「やってみたいことある？」といったもの。見つからない部下には、質問でうまく引き出します。

「しいて言えば、収入を上げたい……くらいでしょうか」と言う部下には、なぜ収入に関心があるのか、「なぜ？　なぜ？」と尋問にならないよう、ソフトに深くヒアリングします。すると、「収入は、付属的なもので、世の中を便利にするコンテンツを開発したい」と気づいたりもします。

よく、「ウチの部下には希望がない」と嘆く上司がいます。でもそうじゃないんです。「未来を語る面談の機会がない」のではないでしょうか。

もちろん、希望はスグには出てこないかもしれませんが、繰り返しやることが大事。その過程が、部下が将来を考えるきっかけになります。

希望を得た時、部下の目の色は変わります。きっと10年後、「あの人のおかげで、今の自分がある」と思ってもらえることでしょう。

Point

希望は「ある」ものではなく、「気づく」もの。「未来を語る面談」をルーチンにしよう！

11 キチンと部下の「罪悪感」を取り除く

本当に世の中のためになる仕事なのか？　このやり方で問題はないのだろうか？　若者は、そんなジレンマを感じやすい。心の持ちようは説教したところで、解消しない。「正しい目的」「正しいやり方」、この2つの要素を〝実感〟した時、部下は本気になる。

⦿「目的の正しさ」を伝えておく

「この仕事は、本当に、世の中のためになっているのだろうか…？」

そんなジレンマがあると、部下は思いきり頑張れません。

中には、売上を上げることに抵抗がある、なんて若手社員もいます。

まず、早々にジレンマは解消しておかねばなりません。


例えば、あなたなら次の問いにどう答えますか？

あなたは、消費者金融の広告代理店の営業課長です。テレビや新聞、ネットを通して、消費者金融を宣伝するのがミッション。すると、ある部下がこう言います。

「消費者金融の利用者を増やすのは、不幸になる人を増やしているような気がして…」

さて、あなたはどう答えますか？

ムリに説得してしまうと、「マジか…この人、合わないな」と思われるだけ。

まず、「**自分の視点ではなく、利用者の視点で考える**」ことに気づかせねばなりません。

消費者金融がないと困る人はどんな人なのか？

また、その人は、どこに住んで、どんな食事をして、どんな生活を送っているのか？

消費者金融のおかげで、その人はどう救われたのか？

その実例をあなたの口からリアルに語るのです。

これはなにも消費者金融だけの話ではありません。

ゲーム開発、酒造メーカー、たばこ製造、アパレル、レストラン、銀行、証券会社…細かく見ると、ほとんどの業種で〝若手がひっかかる〟ポイントはあります。だからこそ、上司の口から、利用者のリアルな視点をしっかりと伝えねばならないのです。

⦿「手段を正しく」しておく

もう1つ大切なのは、「手段の正しさ」。モラルに反する方法では頑張れません。典型例は、「たしかに商品はいい、でも、販売手段が怪しい」というケースです。

また聞きますね。お付き合いください。

あなたは、大手携帯キャリアの「ネット回線」の販売代理店の営業課長だとします。

販売しているのは、紛れもなく大手の優良なサービス。

でも、セールストークのマニュアルに、こう書いてあるのです。

「マンションの管理会社に許可を得て、お住まいの皆様にご案内しております」と。

でも、実際はそんな許可はとっていません。さて、どう対応しますか？

答えは簡単です。**「正しいやり方」に直して、結果を出す、それこそが正解**です。

そうでないと、社員は本気で頑張れないでしょう。親や友人から「その会社、辞めたほうがいい」と忠告されるかもしれません。

このような例は、セールストークに限ったことではありません。

自社製品を3つも4つも自分で購入して目標を達成、なんてこともそうでしょうし、取引業者に無理強いをするなんてことも、その典型でしょう。

もし、あなたの会社がそういう体質になってしまっているとしたら、提案があります。**あなたの部門からでも改善してみてはいかがでしょう。**

白状します。ずいぶんと昔の話です。

私が着任した部署で、「お願い営業」の習慣がベテランの一部に残っていました。「実は、ちょっと数字が足りないのです…」とお客様にお願いする営業なのですが、無用な貸し借りが発生しやすく、癒着の温床にもつながる危険な方法だと判断しました。だから、やめました。

そして、彼らの知恵を借り、自分たちで新しい「正しい方法」を考えることにしたのです。自分たちで考えたやり方のほうが愛着が出るものです。

「正しいやり方」から逃げては強い組織は作れない、今なお、その確信は揺るぎません。

Point

自分の言葉で「正しい目的」を伝え、誰よりも「正しいやり方」にこだわる人になろう!

第4章

部下が「自分からやりたくなる」ように導く

01

「やる気」の方程式を知る

登山家は、「ヒマラヤに登るなんてすごいね」と言われてもピンとこない。

受験生もそうだ。「勉強してすごいね」と言われてもピンとこない。

そこには「手に入れたいもの」があり、「自分なら手に入れられるかも」と思うからこそ、ただやってみたいと思うのだ。

「やる気」＝「欲求（こうなりたい）」×「能力（自分ならできるかも）」。

これが方程式。

⊙優秀な若者の「欲求」は？（収入より大事なもの）

モチベーション研究の第一人者、京都大学名誉教授の田尾雅夫氏によると、モチベーションを引き出すことを考える際、**「誘因」と「動因」で考える**必要があるといいます。

「誘因」とは、報酬や昇進などの〝自分の外にあるものへの欲求〟を指し、

「動因」とは、自分が欲しいと思う〝自分の内なる欲求〟を指します。

価値観（動因）が多様化する今、上司はそれぞれの部下に合わせた「誘因」を作らねばならなくなっています。

昔は、昇給や昇進だけでも十分でしたが、今はそうはいかないのです。

でも、シンプルに考えると、実は誘因は一つの要素に絞れます。

私は21年間、求人事業に従事していました。そこで常に思っていたことがあります。給与が決して高いわけではないけど、優秀な若者が喜んで入社を希望する会社があるのです。

これは有名企業とは限りません。ベンチャーや地場の会社もあります。

もちろん、働き心地、社風、仕事の魅力など、色々と要素はあるのですが、**1つに絞るならば、「成長させてくれる」ことこそが、どの会社にも共通する誘因（報酬）なのです。**

実は、まったく同じことをハーバード・ビジネス・スクールの竹内弘高教授が、世界経営者会議のパネルディスカッションで言っていました。

「優秀な若者は、今の給与以上に〝成長できる〟ことを報酬と考えている」、と。

〝成長の機会〟は、グローバル・スタンダードの報酬と言ってもいいでしょう。

モチベーションを上げるために、「ほめ方」「話し方」だけに目がいきがちですが、その前に、上司は「部下の成長機会」を作ることが、大前提となります。

⦿「Will-Can-Must」の方程式を知る

「Will-Can-Must」という動機づけの法則をご存知でしょうか。

Will、Can、Mustの3要素が交わる時、モチベーションを最大限に引き出せるという法則です。

左の図をご覧ください。


Willとは、本人の「欲求（動因）」。どうなりたいのか、どうありたいのかといった欲求。

Canとは、本人の「能力」。自分ならできるという確信、強みを活かせる期待。

Mustとは、本人が従事する「仕事（業務）」のこと。

モチベーションを向上させる「Will-Can-Must」の法則

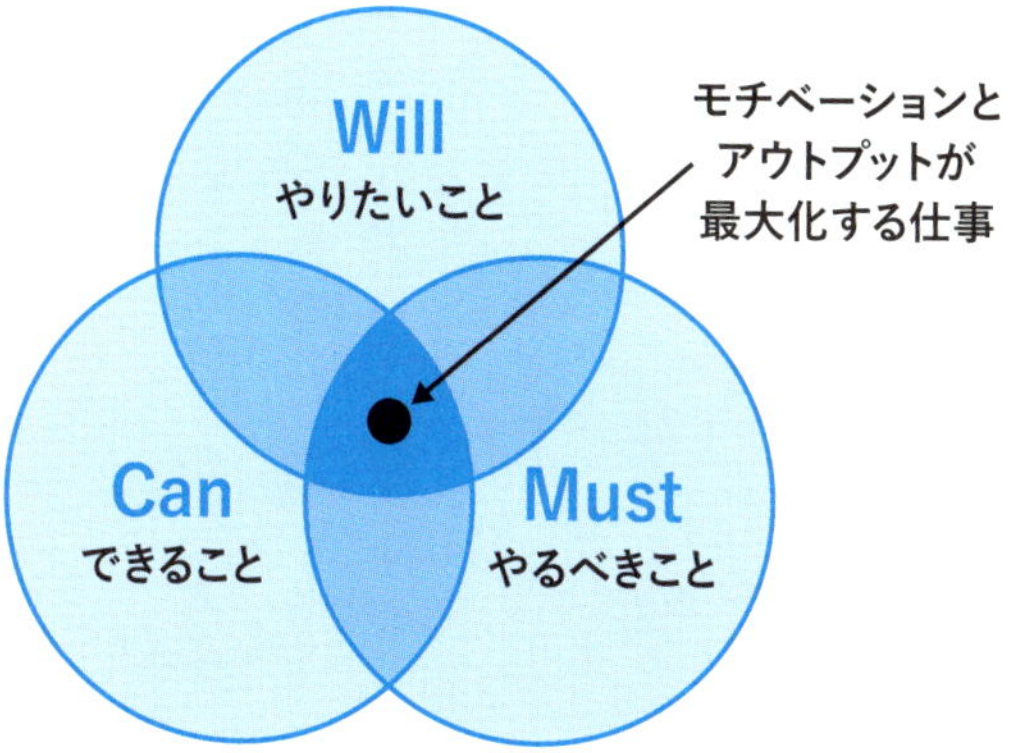

例えば、飛び込み営業だとしましょう。なかなか、根気のいる仕事です。

目標は、「1カ月に5件の新規開拓」。これがMustになります。

そして、本人のWillが「将来、自分で事業を立ち上げたい」ことだとします。

また、本人も「頑張ればできる」と実感を持っているとします。これがCan。

この要素を重ねると、本人の心の中はこうなります。

「1カ月5件の新規開拓をする仕事が、自分の夢である起業に役立ちそうだ。頑張れば月5件程度ならできるはず」

こうした動機づけができれば、やる気は勝手に出てくるものです。

実際、従業員のモチベーションの高さで定評のある会社の経営者も、こう言っています。

従業員のやる気を引き出す最大のツールが、『will，can，mustシート』です。（中略）半年に1回、『何をしたい』『できる』『しなければいけない』3つのことをキャリア面談で確認するのです。（※①）

（リクルートホールディングス　峰岸真澄社長）

社内でモチベーションに関する情報収集と議論を繰り返した。一番納得感が高かったのが、「やりたいこと」と「やれること」と「やるべきこと」、この3つの条件が揃ったときにモチベーションが高まるという理論だ。英語で書くと、WillとCanとMustである。（※②）

（サイボウズ　青野慶久社長）

この理論に疑う余地は、なさそうです。

※①『日経MJ』（2014年3月24日）

最後にこの理論の由来にも触れておきましょう。
諸説あるのですが、心理学者のエドガー・シャインが「自分のキャリアの拠り所を探る際、これらの問いについて内省することが大切だ」と説いた次の三つの問いに源流がある、とも言われています。

・自分はいったい何が得意か（＝Can）
・自分は何をやりたいのか（＝Will）
・何をやっている自分に意味や価値が感じられるのか（＝Must）

つまり、学問的にも裏打ちされたセオリーだということです。
ここまでくれば、使わない手はないでしょう。
では、具体的な使い方を説明していきましょう。

Point

部下のモチベーションを高めるためにも、「Will-Can-Must」の方程式を知っておこう。

※②『チームのことだけ、考えた。』（青野慶久、ダイヤモンド社）

02 部下の「こうありたい」を知る方法

部下に「やりたいことはある？」と聞くのは、少し乱暴。
たいてい「わからない」と返ってくるだろう。
普通に生活をしているだけでは「自分はどうしたい」とは考えないからだ。
ただ、必ずある。それに気づく〝きっかけ〟を作るのが上司の役割なのだ。

◉「特にやりたいことはない」という部下へのアプローチ

さて、この「Will-Can-Must」を進める際には、まず、最初に部下のWillを聞くことから始めます。問題は「やりたいことは、特にないです」と言われた時。

私の経験では、「ある」と回答する人は、10％前後しかいません。

この場合、部下にWillがないのではなく、整理ができていないだけ。

時には部下の勘違いもあります。「野望かぁ…」と大げさに考えすぎる人もいます。

まず、整理をしてあげましょう。Willを3つのレベルに分けて聞いてみてください。

1つ目は、「直近のWill」。今の業務でやってみたいことを聞きます。

例えば、早く主任になりたい、後輩を教える役割がほしい、表彰されたい、といったことです。早く帰る、というのでもOKです。

2つ目は、「将来のWill」。将来やってみたいこと、理想の未来を確認します。

例えば、「いつか自分で商売をしてみたい」「ワークライフバランスを大切にしながら家族と過ごしたい」といった理想像を語ってもらいます。

でも、実は、この2つのWillを聞いても、出てこない場合は多いものです。

そんな時は、**3つ目のWill。「仕事で大事にしたい価値観」**を確認します。

まず、「仕事で大事にしたい価値観を教えてもらっていいですか?」と尋ね、5個程度、挙げてもらいます。そして、その中から1位を選んでもらい、その背景を聞きます。そこにWillを見出す方法です。

実例を紹介しましょう。1位に「時間の効率化」を挙げた人がいました。その背景をたどると、「子供の時、親と一緒にいる時間が少なかったので、自分は家族を大事にしたい」といったような温かいWillが出てきたりします。

Willを3つに分けて聞くと部下は答えやすくなる

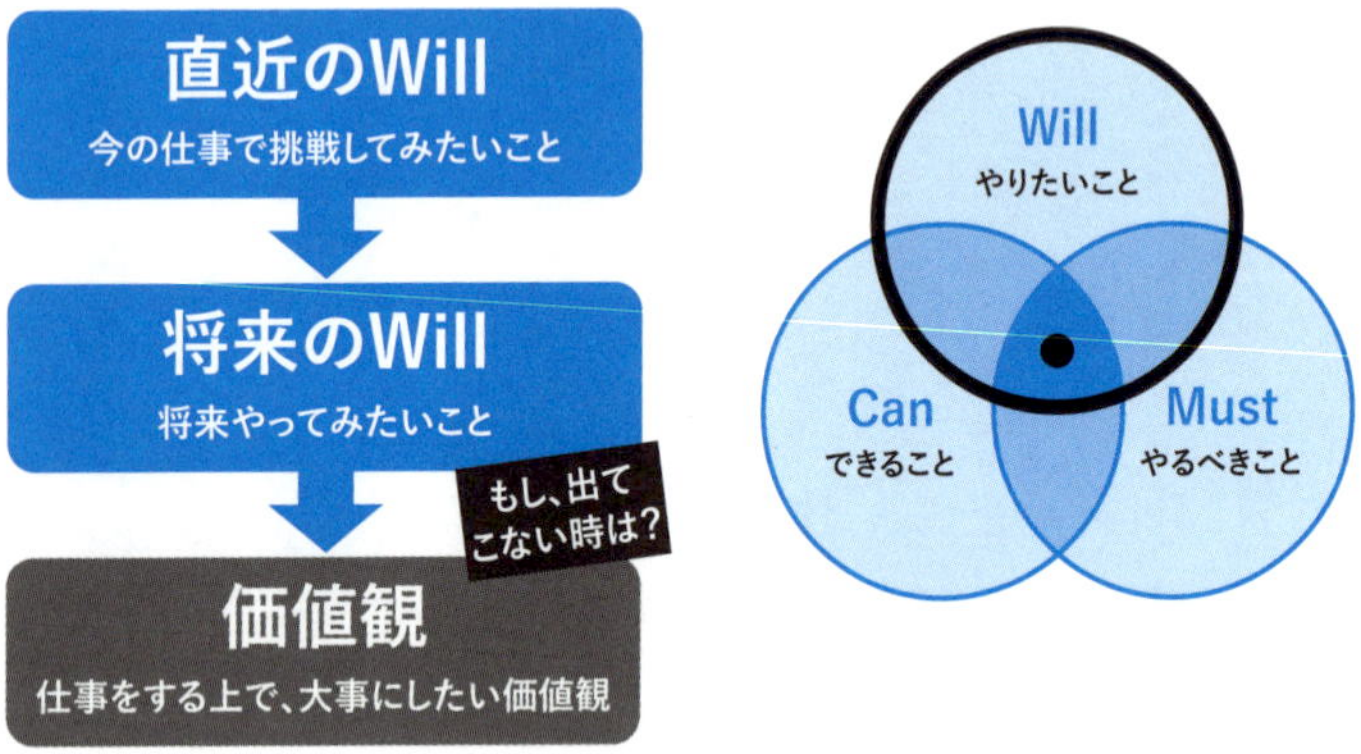

では、Willを聞く流れを整理しておきましょう。

まず「直近」と「将来」のWillを尋ねます。それでも出てこない場合は「価値観」を聞いてみてください。そうすることで、必ずWillを見出せるようになります。

⦿ 大事なことは「背景」を知ること

Willを聞いた後、必ずやっていただきたいのが、**背景を〝深く〟聞く**ことです。

なぜそう思ったのか、エピソードなどを知ると、Willを正確に把握できます。

具体的には「なぜ」を繰り返し、聞いていきます。

例えば、価値観を尋ねた際、「収入が

大事」と回答する部下は少なくありません。

でも、その背景はそれぞれ異なります。ある人は、こういうことでした。

「色々な経験をしてみたいから」

↓（なぜ）↓「10万円、1万円のホテル、どちらも選択できるようになりたい」

↓（なぜ）↓「故郷の人は、山に囲まれて一生を終える。都会には出てこない人が多い。世界が狭い。人生には様々な選択肢があることを村に伝えたい」


一見、無味乾燥にも思える「収入」というWillですが、その背景を深く聞くと、そこに「温かな思い」「ちょっと悔しかった思い」など、色々なWillが隠れています。

そして「今の仕事（Must）」が、これらのWillに近づくイメージがあるかを、本人に考えてもらいます。10％でも30％でも紐づいている部分があれば、それで充分。本人にとって、今の仕事が、未来を作る努力に変わるのです。

Point

Willがないという部下には、3つ目の「価値観」を聞いてみよう。

03 部下の「強み」を開発する

「自分にはできる」という実感を持ってもらわないと、せっかく与えたチャレンジも、部下にとってはただのプレッシャーになってしまう。不安を取り除くために、不足するスキルを補い、また「強みの活かし方」を一緒に考えることも上司の務め。

⦿部下の「能力開発目標」を決める

先ほど、給料以上に「成長できること」が、若者の最大の報酬になると言いました。

この「Will-Can-Must」では、**1人ひとりに合わせた「能力開発目標」を決め、どんなCanを大きくしていくのかを決めます。**そうすることで、いかなる仕事であっても、本人が成長できる状態に導きます。

例えば、営業職だとしましょう。「今までより、規模の大きいお客様を3カ月後に担当する」という目標を定めた場合、必要となるスキルは変わります。

そこで、**「どんな能力を伸ばしていくのか」といったことを部下と話し合います**。例えば、様々な部署との調整を図る「調整力」や、サービスにカスタマイズを加えるなど「企画・提案力」といったスキルが必要になるかもしれません。

その場合、この3カ月で「調整力」「企画・提案力」を身につけることを「能力開発目標」とします。そうすることで、能力開発の機会とします。

この時、「Must（業務）に変化を持たせる」ことも鍵になります。

人は、思った以上に飽きやすいと考えておきましょう。

成長感を感じたい人ほど、変化がないとマンネリを感じるものです。

⦿部下の「強み」を発見する

さらに**「強み」を活かす観点で考える方法**もあります。

よりいっそう、本人にとっても納得度が高く、より満足感を感じる方法です。

まず、この「強み」とは何か。何事も定義は大事です。

色々な定義がありますが、組織開発に社員の「強み」を活かすコンサルタントとして活躍するP・アレックス・リンレー氏が創設した研究機関「応用ポジティブ心理学センター（CAPP、イギリス）」の定義が、私は最もしっくりします。

どんな仕事でも
部下は「成長感」を味わえる

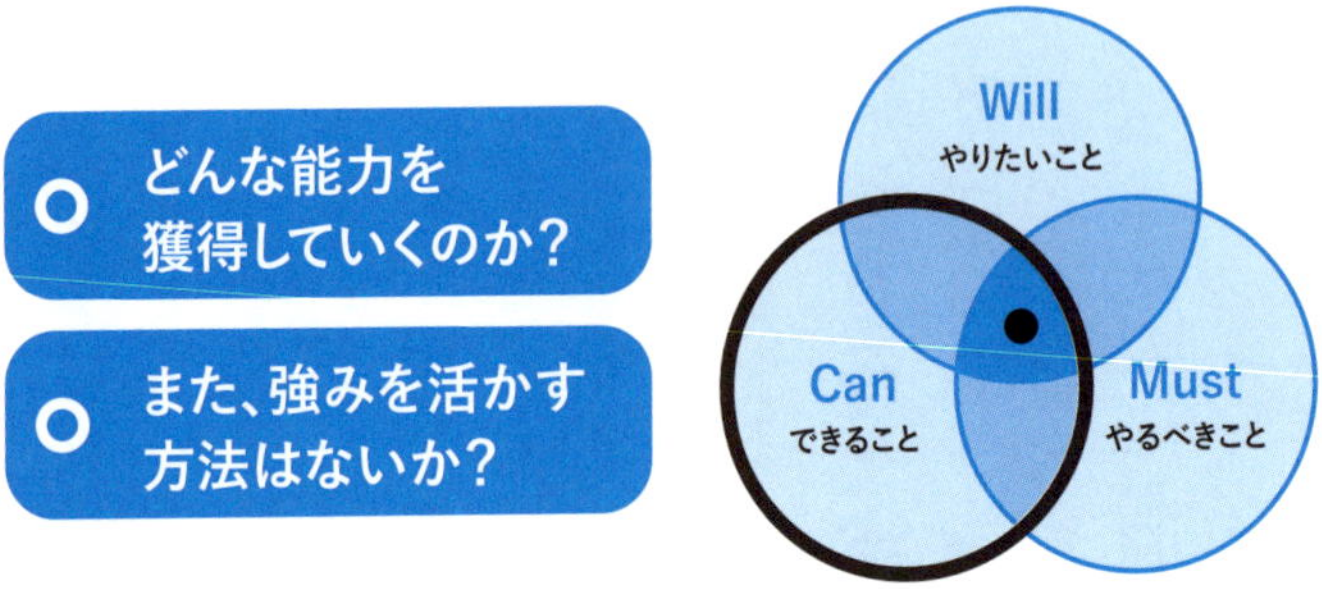

【強みとは】　＊CAPPの定義
「本人が他の人よりも**上手にできる**ことで、やっていて**楽しさを感じる**こと」

つまり、うまくできるだけではなく、同時に楽しさを感じること。

部下にもこの定義を伝えた上で、「2つの強み」を確認すると良いでしょう。

1つは、「すでに活かしている強み」。もう1つは「まだ活かしていない強み」です。

「すでに活かしている強み」とは、文字通り、部下が**今の仕事で活かせている強み**。

直接、部下に聞くのも良いですし、上司だからわかる強みもあるはずです。

あれば、その強みを周囲に広めるべく、共

有する、教える、といった機会を作ります。

一方、「まだ活かしていない強み」とは、**プライベートで活かしている、もしくは過去には活かしていた強み**です。あれば、それを仕事に活かす方法を考えます。

例えば、学生時代はキャプテンをしていたけど、今はリーダーシップを発揮していないなら、後輩を教える役割を与えられないか、といったように考えます。

そうすることで、部下は、自らの強みを活かせ、かつ成長感を感じられるようになります。

成長が報酬になる今、成長を実感できる「機会」をどんどん作ってみてください。

Point

成長を実感できる「機会」を作り、「強みの活かし方」を一緒に見つけよう。

04 うまい目標設定で、「成長を加速」させる

目標とは、「壁に打ち付けた釘」のようなもの。想像してほしい。その下に輪ゴムのついた人形。人形は床にテープで固定されている。その輪ゴムをギューと伸ばして釘にひっかける。床のテープをはがすと、人形はビューと釘をめがけて飛ぶ。釘をどこに打つか次第で飛び方は変わる。目標もどこに設定するかで、その人の到達点は変わる。

⊙「全員達成」できる目標では、人は「成長」しない

1人ひとりが、「個人目標」を追いかけている職場だとします。上司がミーティングで「全員達成を目指して頑張ろう」と檄《げき》を飛ばすのは問題ありませんが、本当に全員が達成できるような目標ではダメだ、と考えてください。「目標の設定が甘い（低い）」可能性があります。〝背伸びをして届く〟、そんな「程よいストレッチ」をかけることで、人と事業の成長を加速させることができます。

部下の7割が目標を達成できるくらいがベストな状態。この比率が非常に重要です。未達成者をマイノリティ（少数派）にしておかないと、「未達成でも問題はない」といった空気が職場に蔓延してしまいます。

さらに、達成者を職場で讃えるシーンがあると、部下の達成への本気度は加速します。例えば、達成者が表彰される職場であれば、その光景を見た未達成者が悔しさから〝次こそは！〟と奮起するきっかけにもなります。

少し高めの目標を設定することが、成長の加速につながるのです。

◉目標設定は、SMARTの法則で

また、**達成したかどうかが曖昧な目標設定では、人は成長しません**。

例えば、目標のないベテランの事務職が、イメージしやすいでしょう。

業務には精通しているものの、この数年はほとんど成長していないのではないでしょうか。それどころか、上司が業務のやり方を変えようとすると、あたかも刀を奪われた武士のような形相で、慣れ親しんだ業務を奪われることに抵抗する人もいるでしょう。

それは、本人にとっても良くないことです。

そうならないための方法はただ1つ。

「明確な目標設定」をすることにほかなりません。

目安にしたいのは、**SMARTの法則**。1981年にジョージ・T・ドラン氏が提唱した理論で、〝効果的な目標〟は次の5つの因子で構成されているというものです。

●**S** Specific（明確であること）…達成、未達成が明確か？
●**M** Measurable（数字で測れること）…達成率や進捗度を測定できるか？
●**A** Assignable（役割と権限が明確）…役割が明確で、やり方も任されているか？
●**R** Realistic（実現は可能か）…現実的な目標を設定しているか？
●**T** Time-related（期限はあるか）…目標達成に期限を設けているか？

特に重要なのは、「達成、未達成が明確」で、かつ「数字で測れる」ようにすること。

先ほどの事務職であっても、数値で目標を設定しなければなりません。

業務の平準化をお願いするなら、早期納品目標を設定することも作戦です。

そうすることで、今までのやり方では太刀打ちできないなら、武士が刀を捨て、別の武器を手に入れざるを得なくなるようなもので、自身の拠り所となる慣れ親しんだ方法

正しい目標設定で
部下の「成長は加速」する

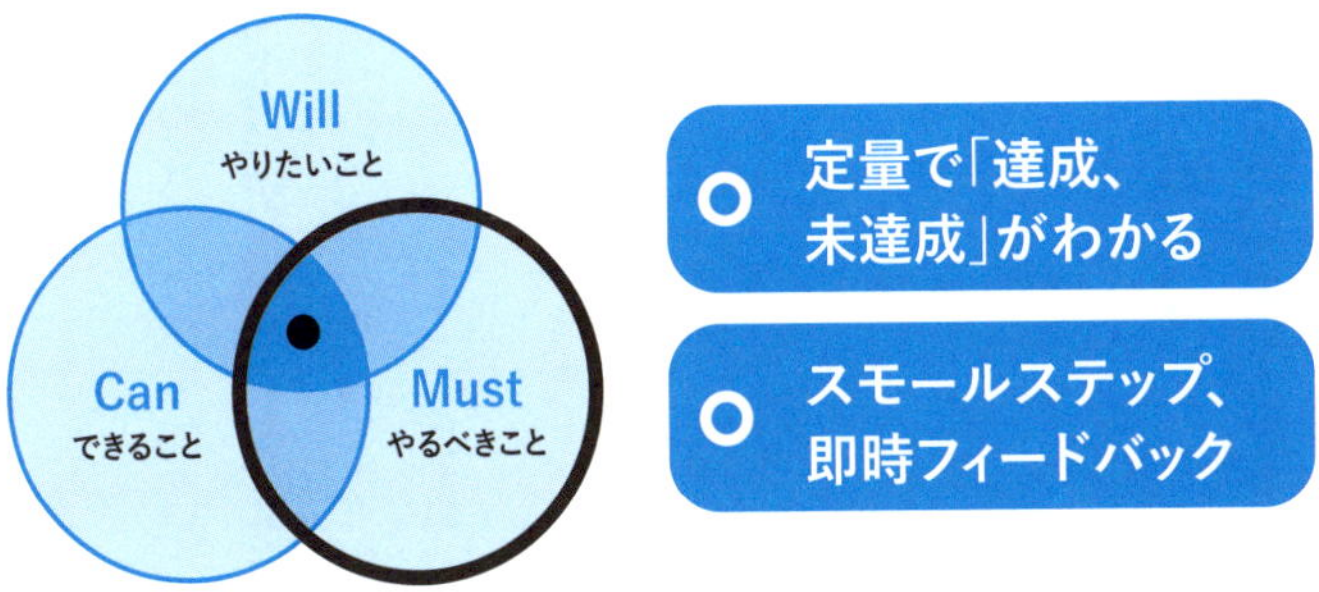

を捨ててでも、新しい手法にトライせざるを得なくなります。

そして、もう1つ次の方法を加えてみてください。

数週間単位で小目標を設定すると達成の確度が向上します。

定期的に振り返りの機会を持てるからです。これをスモールステップと言います。「うまくできていること」「できていないこと」を検証し、その都度、改善策を考えます。

正しい目標設定は、部下に非連続の成長を促すパワーを持つのです。

Point

成長を促すためには、「やさしい」目標ではなく、「正しい目標」を設定しよう。

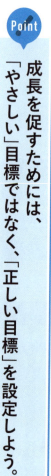

05

何事も部下に「決めさせる」

同じ業務でも「やらされている」と感じる人と、「やりたいからやっている」と感じる人がいる。この違いは、能力の問題ではなく、「自分の意思で決めたかどうか」で決まる。上司が良かれと思って細かく言うほどに、部下はやりたくなくなる。

⦿部下の主体性を引き出す鍵、「自己決定感」とは？

部下から質問を受けた時、すぐに答えを言ってあげたくなりませんか？

でも、答えを先に言うのは、得策ではありません。

自主性を促すなら、「自分が、考えて決めた」といった感覚が極めて重要だからです。

この感覚を「自己決定感」と言います。「内発的動機づけ」研究の第一人者であるロチェスター大学のエドワード・デシ教授らにより提唱されました。

155ページの図をご覧ください。自己決定感にも段階があるのですが、「内発」「統合」

「同一化」といった〝自分で決める〟という感覚を持ってもらうことが、主体性を引き出す上では重要。つまり、**細かくアレコレと指示をする上司より、考えさせてくれる上司のほうが部下は主体性を発揮することが、学問的にも証明されている**のです。

この自己決定感の有無は、「失敗した時」に違いが出ると言います。うまくいかなかった場合、自己決定感があると、なぜうまくいかなかったのか、どうすればうまくいくのか、といったように〝改善〟に結びつくのですが、自己決定感がないと、「難しかった」「面白くない」といった負の感情だけが残るのです。

⦿メンタルの弱さも「自己決定感」で取り除く

メンタルの弱い部下にも自己決定感は効きます。

ある例を紹介しましょう。卓球の元日本代表の平野早矢香さんが、少年に卓球を教える様子がテレビで放送されていました。その少年は、練習ではうまくできるのですが、本番に弱く、予選敗退が続いていました。少年は小さな声で言います。

「本番は緊張してしまう。メンタルが弱い…」と。

部下が「自分が決めた」と思えるように“考え”させる

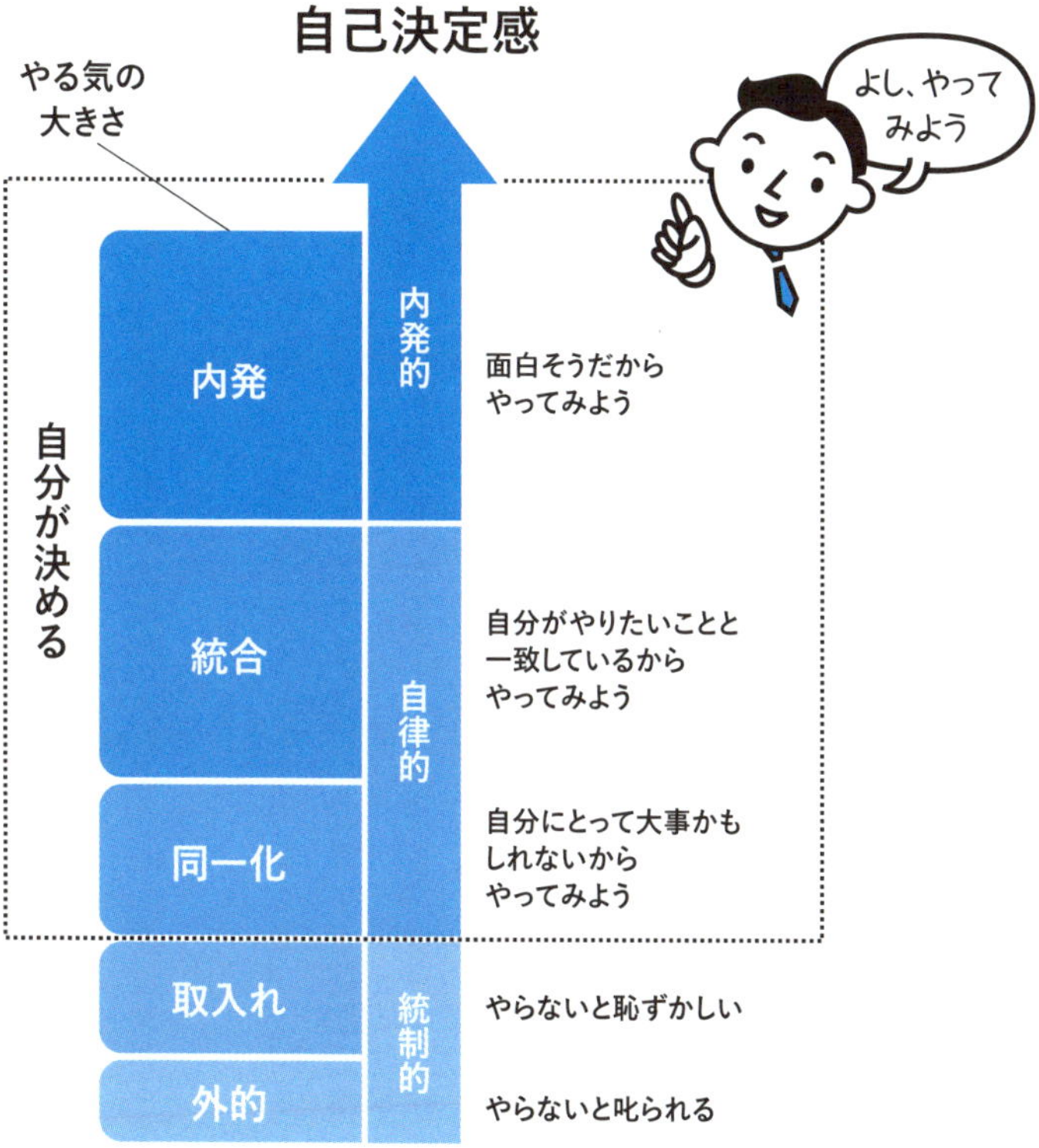

平野さんは、ネガティブな発言をせず、練習中も、「いいよ」「ナイス」「良くなってきたよ」と励まします。すると、少年の顔にも自信の笑みがこぼれ始めます。

そして、いよいよ本番。試合の直前に平野さんは少年にこう話しかけました。

「結果は関係ない。十分に練習はやった。

1つだけ約束してほしい。今までやってきたことをしっかりとやる、と」

ああして、こうしてといった具体的なアドバイスはしないのです。**ここで話したことは、たった1つの約束だけ**です。少年は静かにうなずき、考え始めます。

「たしかに、そうだ。あの時…この時…なるほど、そうすれば、いいのか…」と。

結果は、善戦するも敗退。でも、少年は、取材にこう答えました。

「自分でも後悔はある。予選ではできなかったことを次に活かしたい」と。

敗北が人を強くする機会となった好事例でしょう。こうやって自分で考えることが、内省を促し、そのことへの自分なりの意味を見出せるようになるのです。

Point

転ばないように過保護になるより、「転んだことから学べる能力」を習得させよう!

06 新人には〝ティーチング〟で「不安」をなくす

知識のない新人に「どうしたい？」と尋ねるのは、プレッシャーでしかない。初めてやるスポーツ、例えばカーリング。「どうしたい？」と言われても、我々も困るだけだろう。それと一緒。まずは考える下地を作らないと、部下は答えられないのだ。

⊙ティーチングの3つの流れ

いくら「主体性を大事にしたい」といっても、知識のない新人に対して、「どうしたい？」と聞くのは酷な話です。

自分で考えられる状況にはないからです。

まず、考える引き出し（知識）を増やすタイミングでは、細かく教えるのが基本。

いわゆる、まだティーチングする段階にあると考えるのです。

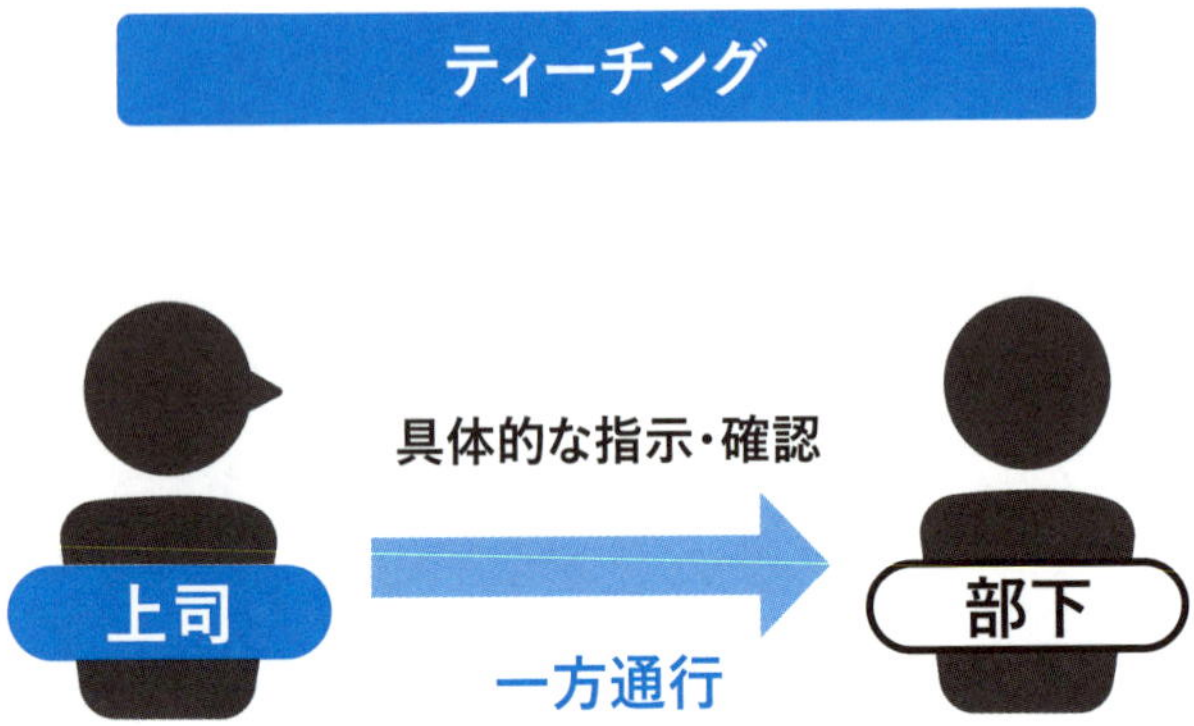

ティーチングの流れは3つ。

①「5W1H」で、細かく伝える（これくらいはわかるだろう、とは思わないこと）
②その上で、不明な点、不安な点がないかを確認する（言いっ放しにはしない）
③最後に「復唱」をしてもらう（勘違いがないかを確認しておく）

例えば、営業に従事し始めた新人がいたとしましょう。

「このリストに1日50件電話してね。わからないことがあったら言ってね」

これでは不安でしかありませんし、そもそも、何を質問してよいかもわからないでしょう。

まず、最初のステップは、**「5W1H」で、細か**

く伝えること。

「**なぜ**、電話を50件もしないといけないのか」（目標達成を確実なものとするため）

「具体的に**どんな**トークを使うのか」（用意したトークスクリプトのトークを）

「**誰**に対して電話をするのか」（受付ではなく、購買担当の方に）

「**どこ**でかけるのか」（事務所の電話でなくても、携帯電話でもよい）

「**いつ**かけるのか」（1日2時間はかかるので、予定を組んでおく）

「もし、お客様が、こうおっしゃった場合は**どうする**のか」（この対処パターンを）

といったことを伝えます。

一見すると当たり前のことですが、新人には最初はわからないもの。

特に、「なぜ」の説明は、納得感につながりますので重要です。

そして、2つ目のステップ。それが、**不明な点や不安な点がないかを確認する**こと。

もしなければ、3つ目のステップ。**部下に復唱してもらいましょう**。

かの名将、落合博満氏も言っています。

「復唱は大事。聞いているようで、聞いていないから」と。

この3つのステップで、お互いの考え方にズレがないようにしていきます。

⊙マイクロマネジメントにならないように注意

ただ、やりすぎると部下も息苦しく感じてしまうので注意が必要です。

細かく管理しすぎることをマイクロマネジメントと言う、と前に述べました。

そうならないよう、次のことを心がけてください。

1つ目は、**「細かく言うのは、〝今だけ〟と伝える」**こと。

できれば、「最初の2カ月だけ」などと時期を区切ると、良い緊張感も出るでしょう。

2つ目は、**「早々に、自分で考えるように促す」**こと。多少難しいかなと思っても、早い段階でコーチング（後述）に切り替えます。

それで「まだ早いな」と思ったら、ティーチングに戻せば、問題はありません。

個人差がありますので、他の人と比べず、その部下に合わせることが大事です。

ここで、マイクロマネジメントについて補足しておきましょう。

グーグルの人事のトップが執筆したことで話題になった書籍『WORK RULES!』（邦

題：『ワーク・ルールズ！』／東洋経済新報社）では、マイクロマネジメントについて次のように述べられています。

マイクロマネジメントを行う動機は「部下を信頼していないこと」にあり、部下が〝できる〟と言っているにもかかわらず、確実に業務を終わらせて責任を果たすことを上司は信じていないのだ、と。

こうならないよう、チェックリストを作成しました。

もし、4個以上、当てはまるようなら気をつけてください。

【マイクロマネジメント度チェック】

□部下の仕事を細かく把握しておきたい。どこで何をやっているのか、まで。
□部下がミスしないよう、あらゆるリスクを消しておきたい。
□実は部下を信頼していない。部下に仕事を任せられない。
□隅々まで自分の思う通りにしておきたい。
□部下の「仕事の出来」に満足していない。
□自分ならこうするのにとイライラする。

□些細なことでも、部下が報告を忘れると許せない（聞いていないことはなくしたい）。

いかがでしょう。

不信感であふれていませんか。

部下も鈍感ではないですから、そりゃイヤになります。

ティーチングはマイクロマネジメントとは違います。その後の行動を束縛するものではありません。確認をした上で、ほめたり、気づきを与えたりすることで、部下の自主的な行動を促進します。

指示を細かくするのは、あくまで部下本人の不安を消すためであり、上司の不安を消すためではないのです。

Point

新人には、ティーチングの〝3つのステップ〟で不安を取り除いておこう。

07 中堅には〝コーチング〟で「考える力」を伸ばす

中堅の部下に「もっとほかにないか？」と尋ね続けることは、極めて重要。忙しい中、考え抜く機会は少ない。しかし、考え抜くことこそが、部下自身も想像していなかった解決策に至らせる。それが部下の成長の機会となる。

◉「GROWモデル」とは？

さて、ティーチングの段階が終わると、次はコーチングです。

本人が最善の答えを見出せるように、質問によって気づきを促す指導法です。とっておきの方法を紹介しましょう。

「GROWモデル」です。

これは、「気づきを与え、答えを導く」ためのコーチングの手法です。一見すると、難しそうですが、この流れでやると、あらゆるシーンで部下に気づきを促すことができます。
実際に、やってみるとこんな感じ。例えば、カーディーラーの営業だとしましょう。
まず、「G：Goal」からです。

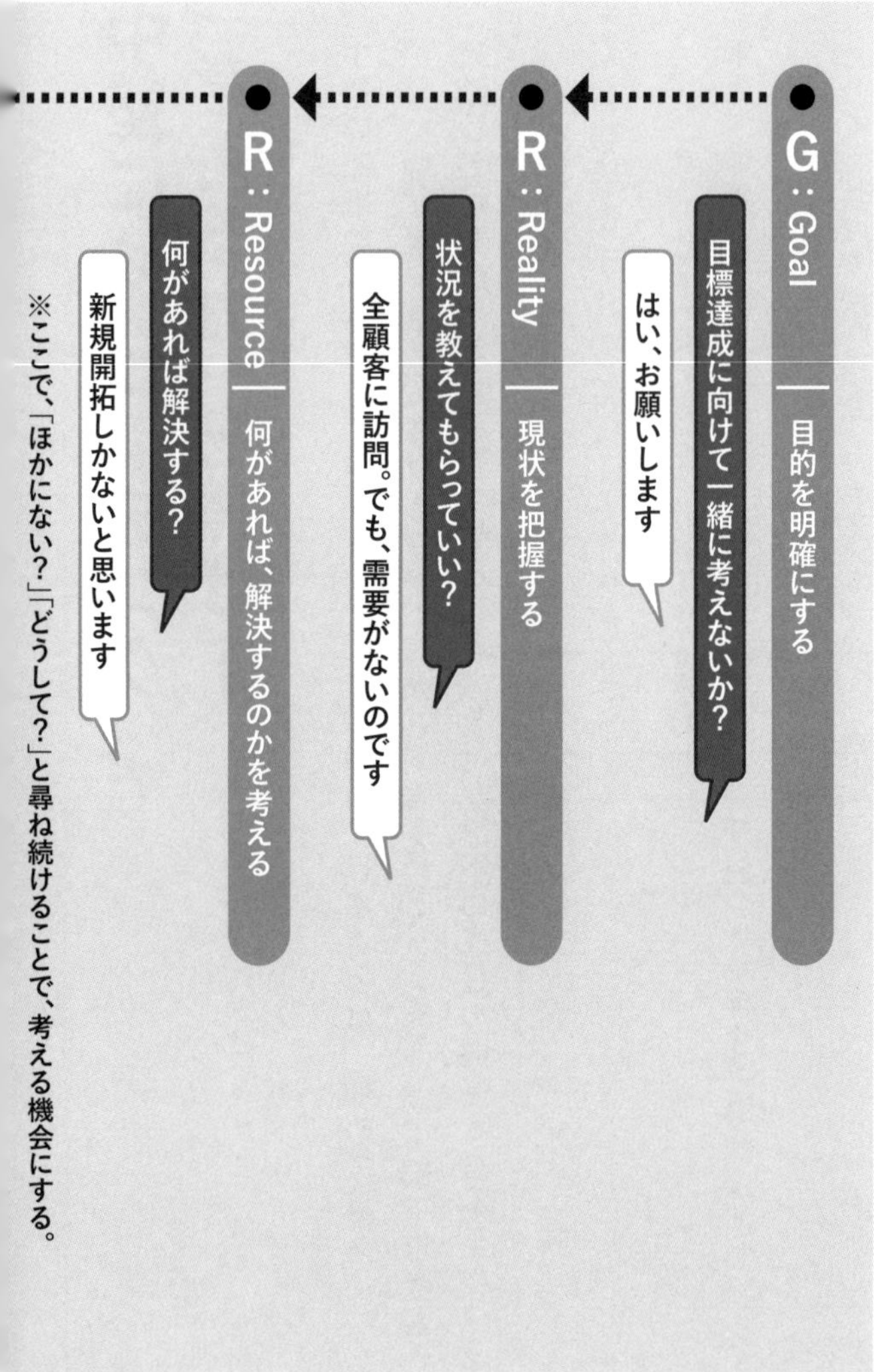
G：Goal
目的を明確にする
目標達成に向けて一緒に考えないか？
はい、お願いします
R：Reality
現状を把握する
状況を教えてもらっていい？
全顧客に訪問。でも、需要がないのです
R：Resource
何があれば、解決するのかを考える
何があれば解決する？
新規開拓しかないと思います
※ここで、「ほかにない？」「どうして？」と尋ね続けることで、考える機会にする。

O：Options　対策の選択肢をいくつか出す（3〜5個）

いくつか対策案を出してみようか？

「ご紹介をいただく」「法人顧客の開拓をする」といったところでしょうか

※ここでも、「ほかにない？」と尋ね続けることで、考える機会にする。

ほかですか…。そうだ。自動車教習所に行く手があるかも。ハイブリッド、SUV等、多くの車種があることは教習所にとって優位性になるかも

W：Will　本人の意志にする

やってみたい対策はある？

一度、教習所への営業をやってみたいです

では、具体的なスケジュールを考えてみようか？

といったように、最後は「これをやってみたい」と部下の意志に導きます。

コーチング

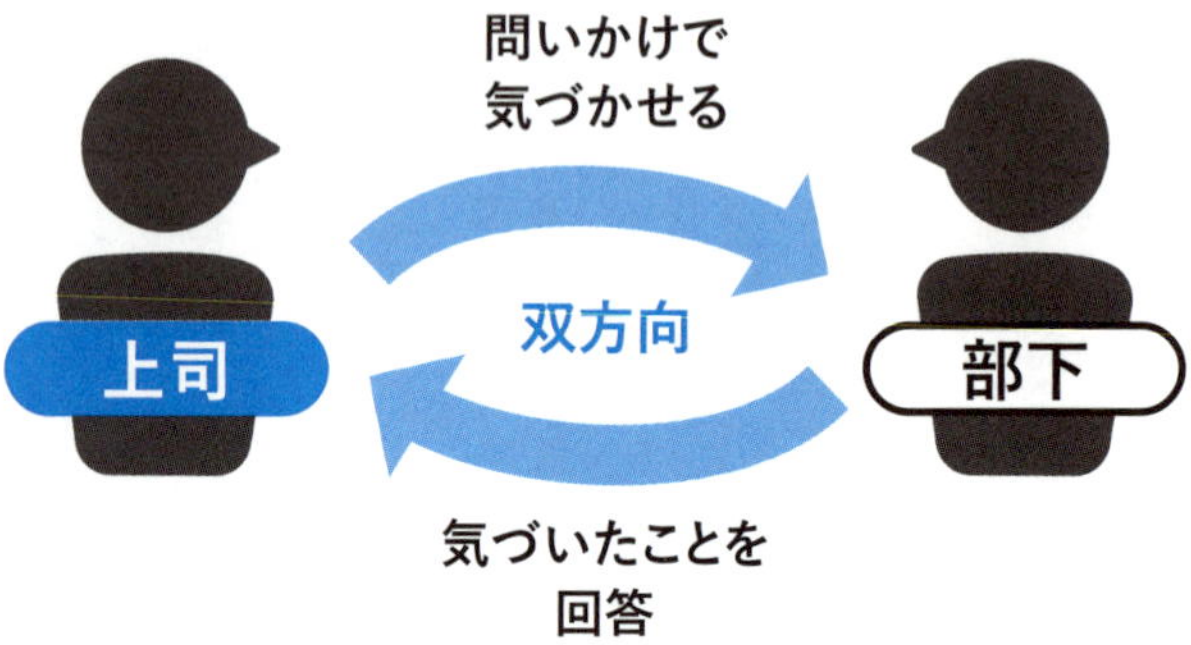

⊙言いたくなっても、ガマンする

コーチングを行う際、注意があります。

「例えばさー…」と誘導をすると、部下はそちらに流されます。

そうなると、自己決定感が損なわれてしまい、本気のWillに導けなくなるのです。

上司は我慢をして、待つことが大事。

すると、上司も考えつかない妙案が飛び出すことも少なくないのです。

先ほどの自動車教習所へのアプローチもそう。

おそらく、上司は考えてもいなかったアイデアだったでしょう。これがコーチングの醍醐味なのです。

でも、こんな不安があるかもしれません。

「時間がかかるのでは」、と。

逆です。むしろ短時間で結論に至ります。

普段15分程度かかっているなら、10分程度でできるでしょう。会話にムダがなくなるからです。


ぜひ、GROWモデルを使って、部下に考える機会を与えてみてください。

それだけでも、本人のやる気は俄然高まります。

Point
考える機会は、「部下への報酬」。
あえて、考える機会をプレゼントしよう。

08

ベテラン部下の「最高出力」を引き出す

年上の部下だからといって、遠慮してしまうと、部下は最高出力を出さずに巡航速度で走ってしまう。
最高出力を引き出し、時には、最高出力値を引き上げるのも上司の務め。
誰よりも「ベテランの力はそんなものではない」と信じる存在でありたい。

⦿ベテランは「手の抜き方」も知っている

最近、特に相談をよく受けるのが、年上のベテランに対してのマネジメント。年上の部下を持つ上司の割合は約半数。もはや日常の光景ですが、まだ遠慮があるようです。

もちろん、若手と比較すると、充分なスキルもあれば、メンツもあるものです。

でも、**ベテランは「手の抜き方」も知っています。**このくらいやっておけば、いいかな、と。

上司は、彼らから「最高出力」を引き出すことが役割となるのです。

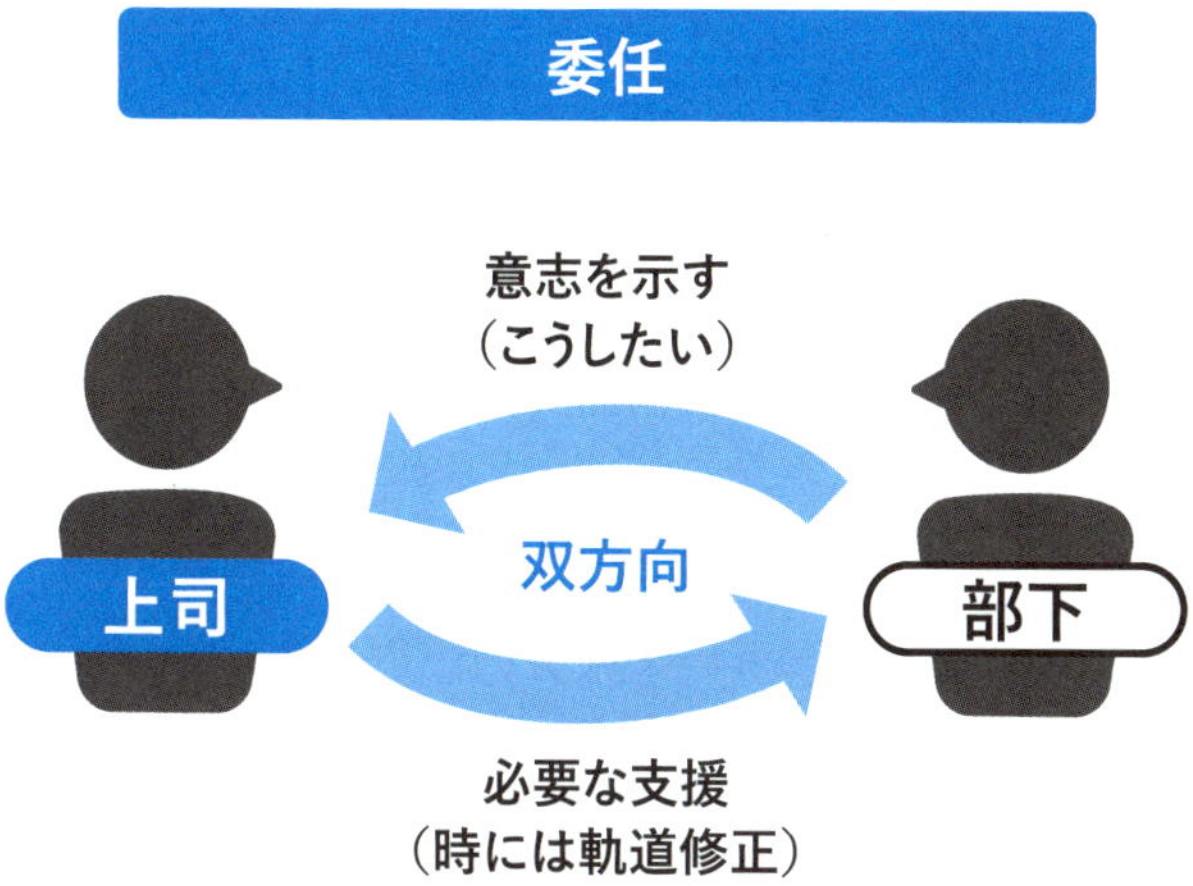

その時は、ティーチングでもコーチングでもなく、**「委任」という手法を使います。**

まず、明確に要望をした後、図にもあるように、部下から「こうしたい」といった提案を持ってきてもらいます。具体的には、次の4つのことを行います。

①高い水準で明確に要望する（期待する水準の目線を合わせる）　※ここが大事
②方法は任せる（スキルが不足する部下の場合は別。コーチングの手法を使う）
③定期的に報告の機会を作る（任せっぱなしではダメ）
④必要であれば支援をする

ベテランの最高出力を引き出すためには、最初のステップである「高い水準で要望する

こと」が極めて重要。具体的には、
「より高いレベルを求める」（提案レベルからコンサルレベルへ、運用レベルから開発レベルへ）
「サービスの改善に向けた役割を付与する」（顧客ニーズを把握し、改善提案）
「組織力向上に向けた役割を付与する」（ノウハウの体系化、勉強会）
などが、オススメです。
私が管理職時代にお願いしたのは、「新しい営業手法の開発」や「お客様の不満や不便を把握し、サービスを改善すること」でした。その時に開発してもらったサービスは、10年たった今も基幹サービスの1つとして、事業に貢献していると聞きます。
まず、スキルを引き出すことこそが上司の仕事だと考えてください。つまり、年上部下の機嫌をそこねないように接する、といったレベルではないのです。

⦿定期報告の機会を持つ

良かれと思って、あまり関与しないようにしているという上司もいますが、危険です。「自分に関心がない」と思われても仕方がありません。

ベテランの部下であっても、仕事を任せた後、必ず持つべきなのが「定期的に報告してもらう機会」です。これがないと「放任」だと思われます。

実は、**定期的に情報共有の機会を持つことは、ベテランの部下にとってもありがたいこと**で、自分が何をやっているのかを上司には知っておいてもらいたいのです。うまくいかなかった時、「知らなかった」と言われることほど、キツイものはありません。

もし、それでも遠慮してしまうなら、その定期報告の目的は、「何かできることはないか？」といった姿勢で臨むといいでしょう。

そのためにも、上司はベテランの部下に対して、どんなことができるかを常に考えておくことが鍵。自分にそのスキルがないならば、エキスパートの意見を聞くことや、前任にヒントをもらう、または上司からもヒントをもらうといったことも効果的です。

情報を提供するだけでも、ベテランにとっては嬉しいものです。

その姿勢があれば、ベテランの部下も信頼を寄せてくれるでしょう。

Point

ベテランの部下だからといって放置はしないこと。定期的に共有の機会を持つようにしておこう。

09 本気になれない人には、応援団をつける

本気になれない部下は必ずいる。でも、彼らにも理由がある。そこまでして、頑張る理由がないのだ。成長も昇給もいらない。恥をかかなければいい、と考える人さえもいる。そんな彼らを変えるのは、ただ1つ。「期待」をかけられることしかない。

⊙本気になれない部下が、本気になれた仕掛け

今までなんとなく生きてきた…。そんなふうに見える部下はいませんか。人はそう簡単に変わるものではありませんが、外からの刺激で変わることができるかもしれません。

「応援団をつける」というやり方を試してみてはいかがでしょう。

実は、いくつか成功例があります。ある会社の中堅営業のFさんもまさにそうでした。

年齢は31歳。課長は、ずっと目標の未達成が続くFさんに頭を痛めていました。

そこで、数名の内勤スタッフに協力してもらい、応援団になってもらうことにしたのです。その名も「Fさんの目標を達成させる応援団」。いわゆる〝仕込み〟です。

そして、Fさんに本気になってもらわないと私たちも困るという状況を作ります。この時は、営業キャンペーンを仕立てて、数名をFさんの応援団にしました。

毎朝、「今日も頑張ってくださいさい」と声をかけ、Fさんが営業から帰ってくるたび、「良い話がありましたか？」と聞き、良いトピックスがあれば「聞かせてくださいさい」と声をかける。応援団の彼らもFさんに頑張ってほしいと本当に思っている人たちでしたので、積極的にやりました。

すると、Fさんにも変化が見え始めたのです。いつもより頑張り始めたというのですから、面白いものです。そして、なんと、かなり久しぶりに目標を達成したのです。

きっと、Fさんは、そこまで期待をかけられたことはなかったのでしょう。

⦿ヒントはオリンピック選手の壮行会

実は、この応援団作戦は、私がその課長にヒントを提供したことから始まりました。

この1カ月前、あるオリンピック選手の壮行会に参加した時の光景がヒントになっています。

その選手は、予選には通過したものの、メダルには遠い選手でした。

その壮行会に集まった人数は、約200名。

選手が所属する会社の幹部がステージに登壇し、横にいる彼女にこう言います。

「必ず、メダルをとって帰ってきてください！　あなたは、我々の星です！

メダルを期待してもいいでしょうか？」

「はい、もちろんです。頑張ります！」

すると幹部が、客席に向かって言います。

「今から、激励の応援をしたいと思いますので、ご起立願います」

そして始まったのが、壮行会に集まった200人による「フレ〜、フレ〜」という応援。会場が揺れるほどの轟音でした。私は思いました。

「これでメダルをとれなかったら、この選手はどうするのかな…」と。

集団心理のパワー（危うさ）も感じながら、その効果を目の当《ま》たりにしたのです。

そして、思い出したのが、メダルをとれなかった選手が、「申し訳ないです」と泣きながら帰国するシーン。そりゃ、そうなるなと思いました。

ただ、**劇薬は正しく使えば、即効性が見込めます。**

その時の出来事を課長に伝え、一緒に考えた作戦が「応援団」だったのです。

実際、こんなテレビ番組での実験結果もあります。

「応援は、マラソンなどエネルギー系の種目には効果がある。一方、野球やゴルフなど集中力勝負の種目では逆効果になってしまう」（※①）

仕事の多くはエネルギー系だと言えるでしょう。

どの職場にも頑張れない人はいます。応援団作戦も一つの手です。劇薬ですが、正しく使えば、短期間で変化が出ます。そこまでの関係性ができていない場合など、不自然さが出るなら、チーム制にして協力し合うキャンペーン等から始めてもよいでしょう。

人は、なかなか簡単には変わりませんが、変わるきっかけを与えることはできます。

Point

人は期待をかけられると変わる。期待をかけるシーンをプロデュースしよう！

※①日本テレビ『所さんの目がテン！』（2010年2月27日放送より）

■本章の参考文献

・『Works』(リクルートワークス研究所、No．101)
・『〈研究ノート〉キャリアプランニングの視点 "Will, Can, Must" は何を根拠にしたものか』(田澤実、法政大学キャリアデザイン学会)
・『リーダーシップ・マスター——世界最高峰のコーチ陣による31の教え』(マーシャル・ゴールドスミスほか、英治出版)

第5章

一丸となって「戦えるチーム」の作り方

01 強いチーム作りの「設計図」

設計図がないと、頑丈な家を建てることはできない。チーム作りも一緒。強いチーム作りには設計図が必要なのだ。そして、その設計図はすでにある。

⊙BSC（バランスト・スコアカード）が、強いチーム作りの「設計図」になる

一枚岩のチームを作るのはなかなか難しいものです。

でも、運任せでは、強いチームは作れません。

最短距離で、強いチームを作るためには「設計図」を持っておくことが大事なのです。

ぜひ、紹介したいフレームワークがあります。BSC（バランスト・スコアカード）です。ハーバード・ビジネス・スクールのロバート・S・キャプラン教授とデビッド・ノートン（コンサルタント会社社長）が提唱した有名なマネジメント手法なのですが、これは本当にオススメ。

私もこれにずいぶんと救われました。現場で使うには、少しアレンジを加える必要はあ

りますが、このフレームワークを使うと、そのまま強いチーム作りの設計図になるのです。

例えば、業績が悪い時、あなたなら、どんなことを考えますか？

スキル不足、顧客満足の問題、戦略が悪いなど、色々な角度で考えることでしょう。

でも、要素がつながっていないため、課題を特定しにくいのではないでしょうか。

このバラバラになっている要素をつながりで考えるのが、ＢＳＣなのです。

この**ＢＳＣでは、「５つの要素」のつながりで課題を整理します**。

①ビジョン（チームで目指す世界。「○○を通じて、○○を○○にする」等）
②財務の視点（営業組織なら「収益目標」、事務部門なら「生産性」等）
③顧客の視点（どんな価値を提供するか？　どんな行動をとるのか？
　内勤部門なら、顧客を「社内の関係部門」に置き換えてもＯＫ）
④業務プロセスの視点（戦略・戦術。１人当たりの仕事量、評価、組織体制等）
⑤学習と成長の視点（スキル、情報共有、モチベーション、チームワーク等）

①を実現するには②が必要で、②を実現するには③が必要。③を実現するには④が必要で、④を実現するには⑤が必要、と一気通貫して整理するフレームワークです。

【営業組織のケース】

業績が悪いのは、スキルやモチベーションの問題（学習と成長の視点）ではなく、業務プロセスに問題があるため提案数が不足してしまっていることに原因がある、と診断した例。

バランスト・スコアカードが「強いチーム」づくりの設計図になる

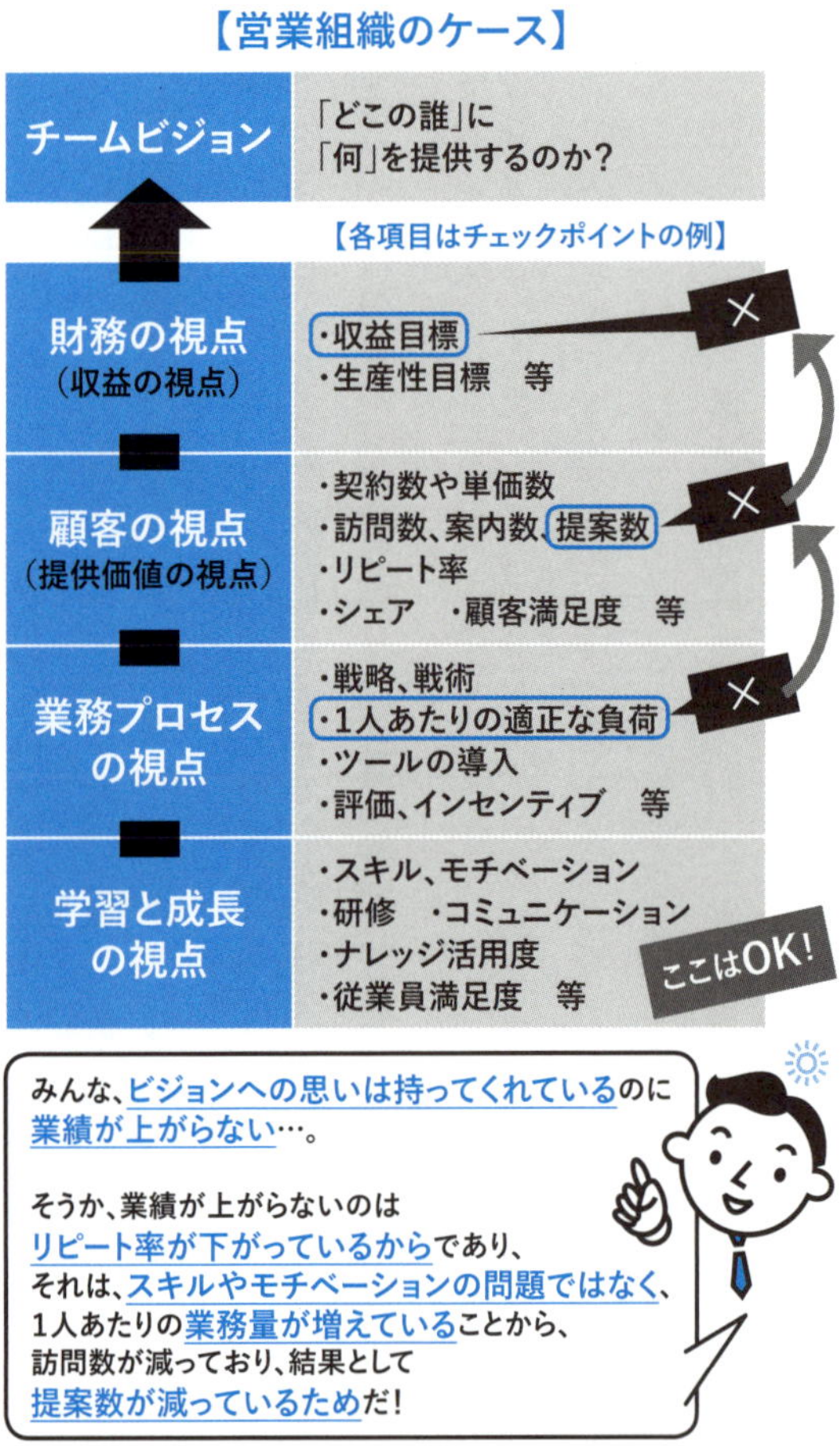

【内勤部門のケース】

少しアレンジをすると、内勤部門でも使えます。残業削減が進まないのは業務プロセスの「評価」と「業務負荷」の問題であり、意識やスキルの問題ではないことを診断した例。

【内勤部門のケース】

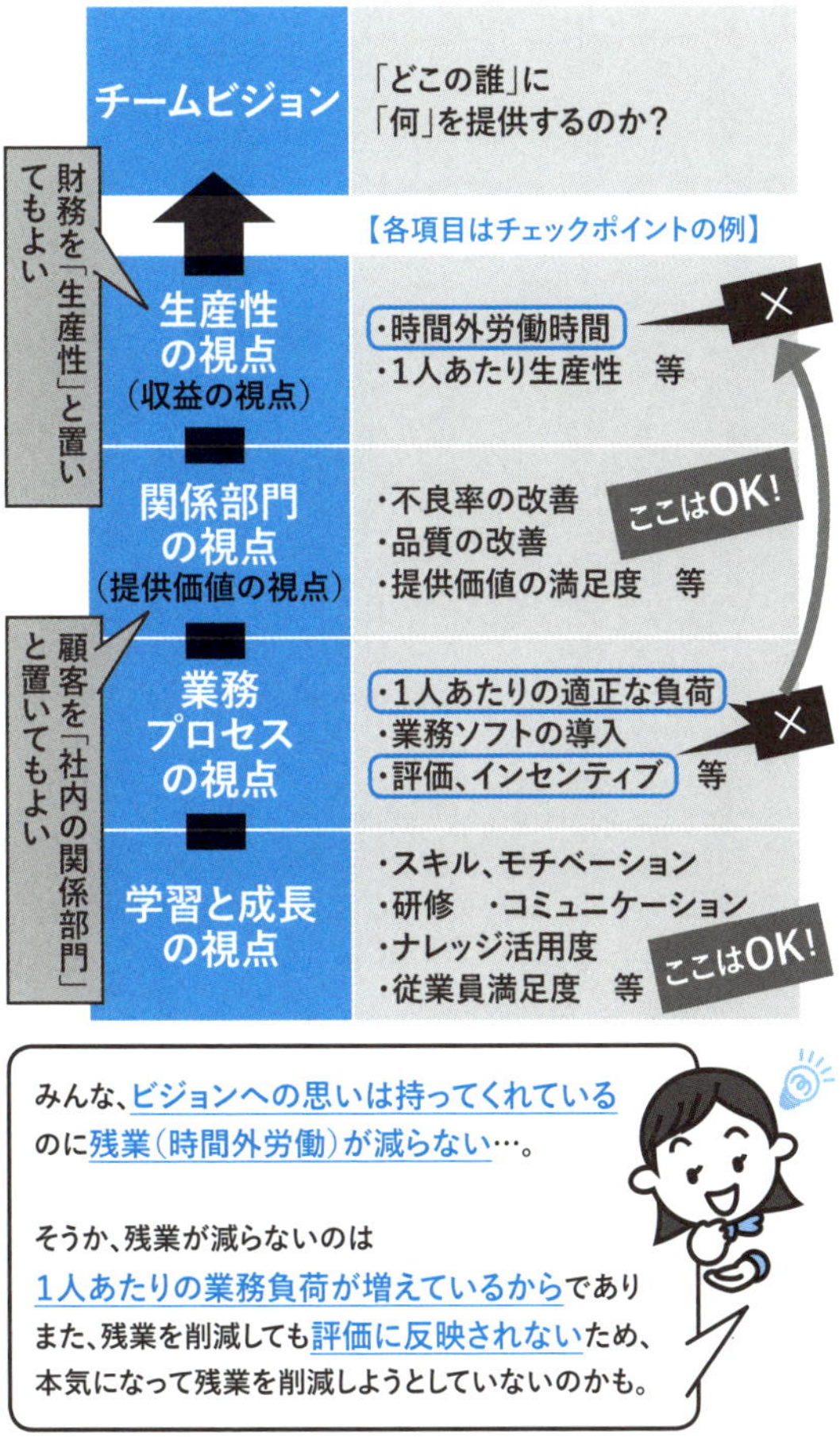

⊙設計図をうまく活かす

いかがでしょう。このようにBSCで整理すると、つながりで捉えることができるので、**課題の優先順位をつけやすくなります。**

これを知らないと、「とりあえず勉強会だ」「まずは対話を増やそう」といった打ち手から考えてしまい、労多くして成果を得られない、ということになりかねません。

よくあるヌケモレのケースを紹介すると、こんな感じです。

・スキルアップに向けた勉強会をしつつも、そもそも勝てる戦略になっていない
・戦略は見事だけど、1人あたりの業務量が多すぎるため徹底ができていない
・頑張っても〝そこ〟は評価には含まれないので、推進が弱くなる

このように、大事な点が抜け落ちているケースは少なくありません。

そうならないためにも「設計図」を作っておくのです。

ただ、補足しておくと、BSCを本格的にやる必要はありません。

従来のBSCは、これらの「5つの要素」ごとに、いくつかの項目を設定し、「数字」で精緻に管理するという、いわゆる「定量マネジメント」をガチガチに行うというもの。

経営の視点では、ここまでやるべきですが、我々は「現場のマネジメント」です。
そこまで〝ガチガチ〟に数字で管理する必要はないと考えてください。
現場で、あまりに多くの指標を走らせると、現場を疲弊させてしまいます。
いわゆる、「KPI地獄」です（KPIとは、定量的な重要業績評価指標のこと）。

現場で導入する場合は、まずはこんな感じでOK。
・「ビジョン」「業績・生産性の達成」に向けて、どんな「顧客接点」を作るか？
・そして、そのためにどんな「業務プロセス」「学習と成長」が必要か？
ここの具体的な打ち手を決めておくだけで十分です。
これだけでもずいぶんと「やるべきこと」「あるべき姿」が鮮明になるものです。
ここからは、視点ごとに、どんなことをすればよいのかを紹介していきましょう。

Point

運任せで強いチームは作れない。
「強いチームを作るための設計図」を持っておこう！

02 チームの「ビジョン」を、みんなで考える

部下のエネルギーが「自分だけ」に向かっていると、チームは不完全燃焼を起こす。ビジョンを〝考えるプロセス〟が、チームのエネルギーを1つの方向に導く磁石となる。

⊙ビジョンは浸透していますか？

「ビジョンなんてなくてもいいのでは…」、もしくは「会社に理念があるので、チームには必要ないだろう」と思っていませんか？

実は、私が最初にリーダーになった時には、そう思っていました。

目の前の目標を達成すれば問題はない。むしろ、好業績を出せばチームは良くなる、そんな勘違いをしていました。しかし、部下からこう言われたのです。

「目標達成するのは当たり前だと思うのです。もちろん頑張ります。ただ、この先の未

来がイメージできないのです。何のために頑張っているのかが見えないと、むなしくなります」

誰もが会社の理念を知っているけれども、浸透はしていないことを知った瞬間でした。理念を知っているだけでは、意味がありません。自分のものにしないといけないのです。

あなたのチームはどうでしょうか。

必要なのは、理念を暗記することではなく、「自分のこととして考えるプロセス」です。その手法として、自分たちのチームビジョンを作るという方法はオススメです。

◉多様な人材を束ねるもの

今、多様な価値観を持った人材が職場に集まっています。

売上をここまで目指す、といったことだけでは、人は頑張れなくなっています。

・スキルを学ぶために、ここで頑張っている（自分の未来のため）。
・私生活を大事にしたい。ムリをしてまで頑張りたくはない。
・自分の会社を立ち上げている。今は二足のわらじ（最近、増えています）。
・副業をしているので、体力を残しておかないと。

といった人材もいるでしょう。つまり、**今はエネルギーの配分の仕方を各々が決めら**

れる環境になっているということ。リーダーの務めは、このエネルギーを「あるべき方向」に「最大限まで使ってもらう」ことであり、だからこそ必要となるのが、チームビジョンの作成なのです。

⦿ビジョンが１人ひとりの主体性を引き出す

私の研修を受けた、ある求人広告会社の千葉県を担当するリーダーの例です。

彼が受けたのは「チェンジリーダーシップ研修」という研修で、これはチームのビジョンを掲げ、１人ひとりの主体性を高めていくためのポイントを学ぶものなのですが、彼も昔の私と同様、当初は短期業績に目を奪われていました。

でも、この研修でビジョンの大切さを知り、メンバーと一緒にそれを考えたのです。

彼らが掲げたビジョンは、「採用を通じて、千葉県を幸せにする」でした。

それは、「千葉の人は満員電車に揺られ東京で働く。しかも帰宅するのが遅くなるため、家族と食事をとれない人もいる」といった自らの経験を投影したものだったのです。

先に結論を話しましょう。このような効果が生まれました。

①主体性が高まった（「私たちも手伝います」と派遣スタッフから申し出も！）。

②目標に本気になれなかった中堅の方が、久しぶりに目標を達成した。
③営業ツールが変わった。お客様にもビジョンを伝え始めたことで共感を得られた（「千葉県で、この3カ月で100人以上の中途入社の方が決まりました。お互いが幸せになることをコンセプトに、千葉県でのマッチングを増やすために全力で頑張ります」といったフレーズを入れた）。
④結果として売上が向上し、関東全体で表彰された（会社から要望された目標より高い自主目標を掲げて挑戦していた）。

まず、**お客様は誰なのか、その人たちの「不満・不便・不安」をみんなで想像します。その上で、「やってあげたい」ことを全員で話し合います**。そして、言葉に置き換えます。言葉が大事なのではなく、みんなで考えるという、そのプロセスが大事なのです。「千葉を元気にする」と言われても我々にはピンときません。でも、彼らには、その思いは深く宿っているのです。

Point

ビジョンは覚えるものではない。自分のこととして考える機会を作ろう！

03 「ビジョン」を浸透させる（ほとんどのビジョンは形骸化する）

日常の忙しさの中で、ビジョンは必ず形骸化する。ビジョンを浸透させるためには、壁にポスターを貼るだけでは足りない。ルーティーン化させることが浸透の鍵である。

⦿実践できていないと意味がない

せっかく考えたビジョンやチャレンジが形骸化してしまうことはよくあることです。もちろん、ビジョンをなんとなく知っていたり、よどみなく音読したりすることはできるかもしれません。でも、実践できていないと意味はありません。決めたビジョンや挑戦は、浸透させねばならないのです。そのために、まずこう考えてみてください。

1週間40時間働いているならば、40時間の間はずっと伝え続ける、と。

もちろん、言い続けるわけにも、ＢＧＭのように流し続けるわけにもいきません。

そこで、こう考えてみてください。

「視覚」で訴え、「聴覚」でも訴え、さらに「仕組み」で浸透させる、と。

こうすると、ずっと伝え続けることができます。

⦿「視覚」に訴える

いわゆる、**見せる方法**です。

例えば、事務所にポスターを掲げる、もしくはパソコンの壁紙を作成する、メールの署名に挿入する、といったことです。トレーナーやブルゾンを作り、オフィス内でそれを着るといった方法もあります。

最近私が感動したのは、先ほどの「採用を通じて、千葉県を幸せにする」と言っていた課長の職場。千葉県の企業が1人の社員を採用するごとに、ティッシュで作ったふわふわの薔薇を職場に飾っていました。100名を超えた時、職場が花でいっぱいになっていたのです（この薔薇は、派遣スタッフの方が自主的に作成されたものでした）。

⦿「聴覚」に訴える

いわゆる、**言葉で伝える方法**です。

毎回の会議、朝礼で話すときに必ず「そのビジョンに触れる」といった地味な方法です。まずは、リーダーが言い続けることが鍵。リーダーが言わなくなったら終わりです。

例えば、ソフトバンクのトップ、孫正義さんが実践していることは参考になります。ユーチューブの動画でいくつかのスピーチを見てみてください。10年以上、「情報革命で人々を幸せにする」と念仏のように言っています。

実際、同社の社員、またOB・OGでこの言葉を知らない人はいません。一度ではなく、意図的に繰り返し、言い続けることが大事なのです。

もちろん、みんなで唱和してもいいのですが、「気持ちが入っていない唱和」になるくらいならやめたほうがマシです。形式的な儀式ほど、職場を内向きにするものはありません。

◉「仕組み」で浸透させる

いわゆる、**ルーティーンに組み込む方法**です。

例えば、毎回の会議、朝礼でビジョン進捗のコーナーを設ける会社もあります。

ある会社では、「お客様の期待を超える」ことをビジョンに決めた部署がありました。

その部署では、**毎週のミーティングで「期待を超えたかどうかコーナー」を設けてい**

ます。先週を振り返り、期待を超えていないと思われる行動、超えたと思われる行動を各々が発表するのです。

例えば、期待を超えていないと思われることは、こんな感じで共有します。

「資料送ってよ、と言われたので、データをメールで送りました。でも、資料の用途を確認しておけば、人数を確認し、必要な部数を郵送で送って差し上げるといったこともできたかもしれません」

これに対し、上司は「いいね！ よい気づきだ」とほめます。

実はこの職場は、3年前まで離職者が相次いでいました。

しかし、このような取り組みをすることでチームの結束が高まり、お客様からほめられることが増え、なんとこの2年は1人も辞めていないそうです。

こんなちょっとしたことの継続が、ビジョンの浸透に一役買うのです。

ぜひ、ルーティーンに組み込んでみてください。

Point

ビジョンを形骸化させないために、「視覚」「聴覚」「仕組み」で確実に浸透させよう！

04 チームの「挑戦」を決める（時間軸を決めると、エネルギーが集中する）

期限を決めることでやるべきことは鮮明になる。収益の目標、またはお客様への価値向上の観点でやるべき挑戦を決めれば、さらにチームのエネルギーが高まる！

◉「期限を切る効果」を実感した出来事

ビジョンを決めたら、時間軸を入れた「挑戦」も決めてみてください。

例えば、**1年、半年など短期スパンでの挑戦がオススメです。長くても2年**でしょう。自分がそのチームのリーダーを担当していると思う期間で考えたほうが、リアリティーが出ます。

私が「期限を切る効果」を実感した出来事がありました。

これも、求人事業の営業組織のリーダーだった時のことでした。

運良くベテランばかりが揃っていたこともあり、売上を上げるのは、彼らにとっては造作のないことで、この力を集約して新しいサービスモデルを作りたいと考えていました。

すでに、「採用を通じて、お客様の事業成長に寄与する」ことをビジョンに掲げていたのですが、**「思いの強度」にはバラツキがあり、改善する必要を感じていました。**

なので、私の〝挑戦案〟をメンバーに提案することにしたのです。

「この1年で勝負をつけたい。全員が、売上を上げるだけでなく、お客様の収益を増やす提案をする。そして、その成果発表会を〝全従業員の前〟で行う」と。

最初は激しい抵抗もありましたが、みんなで話し合う中で、「挑戦する」ことに決まりました。もし、ビジョンを決めていなかったら紛糾したと思います。

ここからは、営業も内勤も目の色が変わりました。

さらにコミットメントを高めるためには**評価との連動も重要です**。

上司に相談して、評価を変える快諾を得ました。

「自分たちの売上だけでなく、お客様の収益を伸ばした成果を加点の要素にしてほしい」と。評価項目にも反映されたことで、いっそう本気度が向上しました。

1年後、発表会を行ったのですが、素晴らしい成果であふれていました。中には、年商400億円のお客様が、採用を通じて事業を伸ばし、なんと8カ月で36億円も売上が向上した例もありました。

◉「できるかどうか」で考えない。「やりたいかどうか」で考える

特に会社からこれをやれと言われたわけではありません。

会社の理念は理解していましたので、それを自分たちのこととしてチームのビジョンを考え、時間軸を入れて挑戦を決めただけなのです。

組織も人もそうですが、「できるかどうか」で考えると、絶対に成長はしません。さらに言うと、「できる目標」、難易度の低い目標では仕事は面白くありません。

やはり、みんなで「理想」を目指すから、面白くなるのです。

少なくとも、リーダーは、「できるかどうか」で考えるのは、最後の最後。

まずは、リーダーが「これに挑戦したい」と提案してみましょう。

すると、メンバーから様々な意見が出てきます。

その話し合うプロセスも大事。これがないと、「やらされ感」しか生まれません。そして、メンバーと「挑戦」を考えてください。

反対意見が出てきたら、こう尋ねてみるといいでしょう。

「もし、これをするリスクがないなら、やってみたいと思う？」「では、リスクを洗い出してみない？」と。実は、リスクがほとんどないことに気づきます。

もし、うまくいかなくても「自分たちがつらい思いをする」くらいです。あとは、ちょっと面倒が増えるくらい。会社にリスクもなければ、自分たちの評価にもリスクはなく、その一方でお客様のニーズには合っていたりもするわけです。

挑戦は、どんなことでもＯＫ。**10年後にメンバーと再会した時、「あの時の経験が、今でも活きています」と言ってもらえる、そんな1年にすることを常に考えてみてください**。そのためには、「挑戦」が必要なのです。

Point

エネルギーを集中させるために、期限を決め、難易度の高いチームの挑戦を決めよう！

05 ムリなく結果を出せる「仕組み」を作る

スキルが足りない、技能が足りない、理由を挙げればキリがない。
スキルがなくても結果を出せる仕組みを持つ。
これこそが、今のリーダーに求められる力である。

⦿スキルに頼らず、誰もができる「型化《かたか》」とは？

「型化」という考え方をご存知でしょうか？
熟練した技能がなくても、誰もが結果を出せる「手法」を作ることを指します。
ちょっと、わかりにくいですね。シンボリックなケースを紹介しましょう。
あるテレビ番組での出来事。
高級中華料理店の赤坂璃宮《りきゅう》。そのシェフが何十年とかけて会得する技術があります。
それをテレビ局のアナウンサーが、レシピを見ながら作るという番組がありました。

なんと、ゲストたちはどちらも美味しいと絶賛。結局、見分けがつかなかったのです。

このように、**スキルを会得せずとも誰もが結果を出せる方法が「型化」**です。

営業なら、「これ」と「これ」を「こう」すれば、誰もが結果を出せる、というものですし、会計処理なら、数字を入力するだけで、書類がアウトプットできる、そんなものです。

ＡＩの導入はまさにこの型化の１つであり、人の努力やスキルを「無」にする、これこそが「型化」の究極のゴールでしょう。

まず、ＡＩを持ち出さずとも、現場でできる「型化」をしておきましょう。

⦿プロセス・行動の「型化」

マニュアルを作ることもオススメです。この通りにすれば結果を出せる、そんな「虎の巻」。

ハイパフォーマー（好業績者）の行動を誰もができるマニュアルに落とし込みます。

取材をしてみると、思った以上にハイパフォーマーと、それ以外の人の仕事の進め方は違うものです。次の方法でやってみてください。

①ハイパフォーマーの「プロセス」を確認する
②プロセスごとの「行動」を確認する

ハイパフォーマーの手法を
誰もができるよう
「プロセス」「行動」を明確にした例

◆「商談のヒアリングシート」を作成したケース

日付　　　　　社名

アポイントをくださった先方の目的を確認
今から、色々と聞くことの許可をもらう

状況 condition	1「他社製品を使っている目的」「評価」を教えてもらう
	2「その製品を選択した理由」を確認する
	3「今、実現させたいこと（目的、ゴール等）」を確認する
	4「現場での使用状況」を教えてもらう
	5「最終見込み」を語ってもらう
問題把握 gap	6「不（ご不便、ご不満、ご不安）」を確認する
	7 何があれば満点になるのかを教えてもらう
	8 その理由を教えてもらう（どうして？）
影響確認 impact	9 このまま放置した時の影響を語ってもらう
提案承諾	10 提案の許可をもらう

③その「プロセス」と「行動」を誰もができるように整理してみる

これだけです。

例えば、商談の型化なら、こんな感じになります（右の図を参照）。

曖昧さを払拭《ふっしょく》するほどに、努力すべき点が明確になります。

もちろん、**営業だけではなく、あらゆる職種でも「プロセス」「行動」の整理はでき**

ます。ぜひ、トライしてみてください。

⦿ムリをしない方法を考えるのが、上司の役割

マニュアルを作っても徹底が不十分になっては意味がありません。

不徹底になる理由の1つが、「時間がない」といったものです。調べてみるとオーバーワークになっていることも少なくないのです。

1人あたりの適正な業務量を決めておくといいでしょう。

もし、それを超えるようなら、増員をするか、チームでの割り振りを変えるか、もしくはほかの方法（本部で集約、外注など）も検討するべきでしょう。

今は、とにかく頑張れ、気合いで乗り越えよ、という時代ではありません。

頑張らなくてもできる体制を作る、これこそが上司の役割です。

ぜひ、ムラ、ムダ、ムリは大胆に省いていきましょう。

Point
スキルがなくとも、頑張らず、時間をかけず、成果を出せる方法を考えよう！

06 行動を変えたいなら、「評価指標」を変えよ

多くの会社員は、驚くほど「評価指標」に合わせる。評価に反映されないと、いくら言っても徹底は不十分になるが、評価を変えれば3カ月で行動は変わる。

◉「評価指標」を変える効果

「評価を変えずして、行動は変わらない」、これは私の確信です。

そう簡単に人は行動を変えません。慣れ親しんだ方法を手放すのはイヤなものです。でも、**評価の指標を変えると、その瞬間から人は行動を変えます。**

新しい行動を要望する際は、まず評価と連動させるようにしてみてください。

もちろん、人事制度を変えるのは難しいでしょう。でも、制度を変えられなくても、「運用」で変えられないかどうか、を考えてみてください。

ここまで言うのには理由があります。会社員は、「評価」で動くからです。

誤解をしないでいただきたいのですが、それが悪いと言いたいわけではありません。

「評価＝会社から期待されること」なので、それでいいのです。

ただ、**評価とならないことを「頑張れ」と言っているため、徹底されないことが多いもの。**残業だってそうです。いっこうになくならない理由として、残業手当の存在は無視できません。残業すれば時間あたりの単価は25％アップするわけで、言うなれば、残業することをむしろ評価する結果となっているわけです。そりゃ、やめないでしょう。

なので、運用で変えてしまうのです。「残業を月30時間以上したら、成果が出ていなくても強制的に休ませる（結果的に評価に影響してしまう）」とした職場もありますし、営業の表彰対象から外すという会社も増えています。

中には、早く帰った人のほうが、インセンティブ（報奨金）が高くなるようにしている会社もあります。その結果、これらの会社では、「どうやったら早く帰れるのか」と自主的に考えるようになっています。評価の対象にすれば、3カ月で行動は変わります。

Point

まず、「評価を変えられないか」を検討してみよう！

【学習・成長の視点】

07 最初は、「会話の量」にこだわる（内容は薄くてもいい）

チームのメンバー同士が気軽に話せる状況でないと、当然チームは機能しない。まずは、気軽に話せる関係性を作るのが第一歩。

◉会話のない組織が、うまくいくはずがない理由

あまり雑談がない、またはプライベートの会話が減っているチームは少なくありません。

その要因としては、余裕がなくなっていることが挙げられます。

1人当たりの仕事量が増加し、残業規制もある状況ですので、仕方のないことかもしれません。

ただ、**特にチームができたばかりの頃は、「会話量」が極めて重要なのです。**

チームの発達段階を論じた「**タックマンモデル**」は、参考になります（図参照）。

まず、着目すべきは第1ステップの「形成期」。
この段階ではよそよそしさがあり、それを取り除くことが鍵となります。
でも、難しい取り組みは不要。
お互いが会話をする時間を持つだけでOKです。
または一緒にランチを食べる、そんな程度のことでも十分に効果があります。

タックマンモデル
（チームの発展段階）

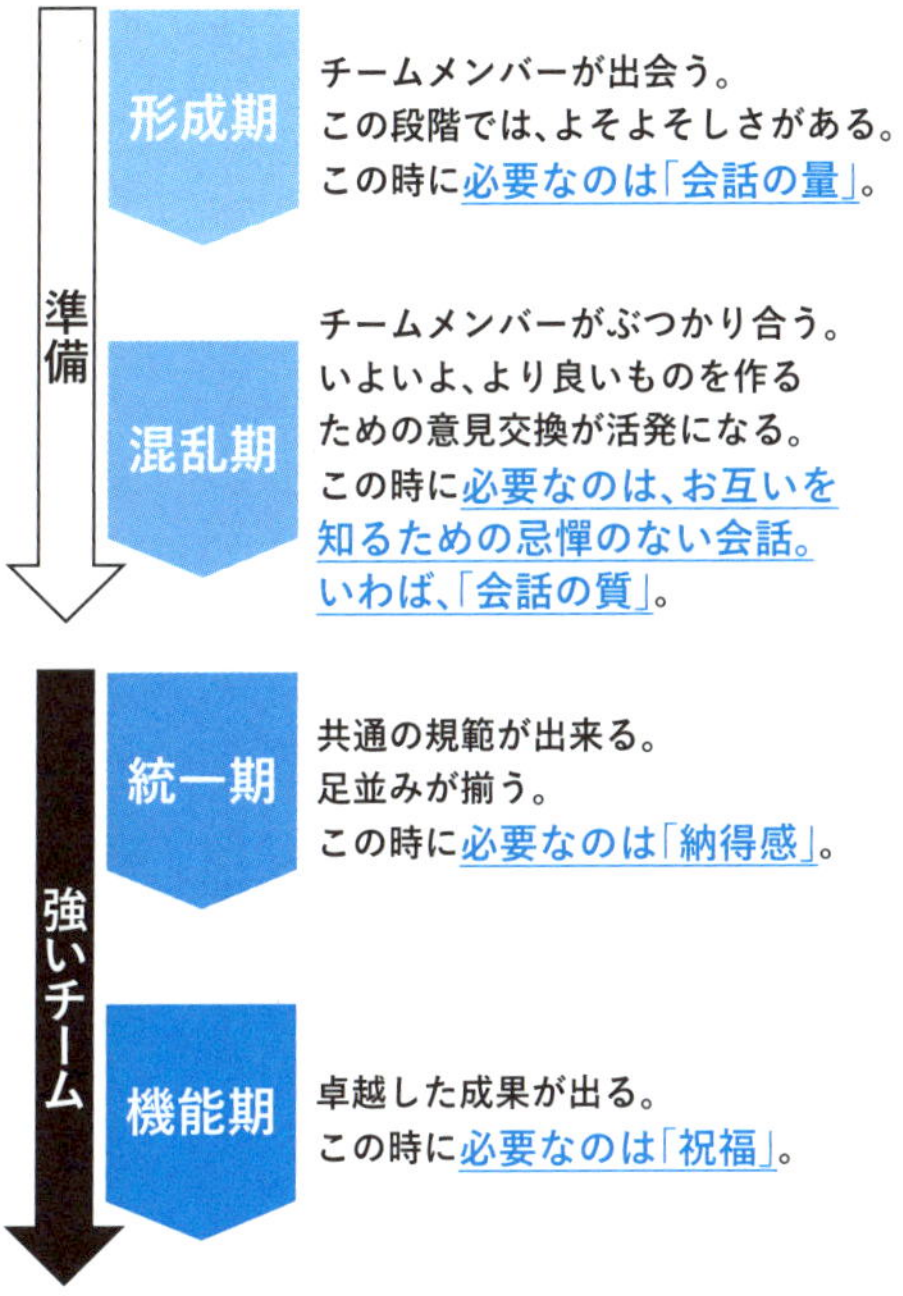
準備
強いチーム
形成期
チームメンバーが出会う。
この段階では、よそよそしさがある。
この時に必要なのは「会話の量」。
混乱期
チームメンバーがぶつかり合う。
いよいよ、より良いものを作る
ための意見交換が活発になる。
この時に必要なのは、お互いを
知るための忌憚のない会話。
いわば、「会話の質」。
統一期
共通の規範が出来る。
足並みが揃う。
この時に必要なのは「納得感」。
機能期
卓越した成果が出る。
この時に必要なのは「祝福」。

◉受注率が13％上がったコールセンターの話

コールセンター事業などを手がける、もしもしホットライン（現・りらいあコミュニケーションズ）での実験を紹介しましょう。調査をしたのは日立中央研究所。

昼食を同年代の様々なメンバーと組み合わせて（4名単位）とるようにしたところ、なんと受注率が13％も上がったと言うのです。

これは、風通しが良くなり、様々な情報（ナレッジ）がスムーズに広まるようになったからだと言います。組織は「見えない、ゆるやかな派閥」で分断されており、ここをつなげるだけでずいぶんと風通しが良くなり、生産性向上に寄与したとの結果を得たのです。

つまり、**決まった人との会話では意味はなく、**派閥を超えての会話が大事ということ。

ランチを有効活用するほか、ミーティング前の5分を雑談の機会にすることで、話しやすい関係を作り、従業員満足度を高めた会社もあります。どんな方法でもOK。ぜひ、あなたらしい方法で、会話の量を増やす機会を作ってみてください。

◉従業員満足度の高い職場に〝必ずあるもの〟

まだほかにも方法はあります。

従業員満足度が高い会社に共通するもの、それが面談。大事なのは回数です。**最低でも月に2〜3回の頻度で面談を行います**。

人が辞めない奇跡の介護施設と言われる「合掌苑」(東京都町田市)も、月に複数回の頻度で上司が面談をしますし、私のクライアントでもあるWebアプリの大手企業でも、週に1回の面談を実施されています(リンクアンドモチベーション社の従業員満足度サーベイで、偏差値が約80という驚愕の会社です)。

「面談」は、10分程度でも問題ありませんし、話す内容は「何か困ったことある?」といったようなことでもOK。その私のクライアントのある上司は、こう言います。「時には、話すことがないので、仕方なく近況報告をし合うこともある」と。

チームができたばかりの頃、または一体感を持たせたい時は、会話の「量」を増やすことにトライしてみてください。話しやすい雰囲気を作るのが第一歩です。

Point

会話をすることの優先順位を上げ、全員の「会話量」を増やす機会を作ろう!

08 お互いの「考え方」を知る機会を作る

第2ステップは、お互いの「内面」を知ること。

半日か、1日を使って研修をするのもオススメ。

意外とお互いが何を考えているのかは把握できていないものである。

⦿〝混乱期〟は、「会話の質」にこだわる

チームが思った以上に混乱してしまうこともあるでしょう。

小さな派閥ができたり、時にはちょっとした対立が生まれたりすることも。

でも、焦らないで大丈夫です。混乱期に入っただけですから（左の図参照）。

この時、会話の量だけでは、乗り切れません。「会話の質」にこだわることです。

会話の質とは、お互いが「何に喜びを感じる」のか、また、「何に不満を感じる」のか。

「どんなことが得意」で、今後は「何をやりたい」のか。

そんな、**1人ひとりの「考え方」にお互いが関心を持つことを指します。**

実は、白状しますと、私も過去に頭を抱えた局面がありました。

でも、それは「混乱期」にすぎないとわかっていたので、やるべきことは見えていました。

その時の方法を紹介しましょう。

対立や混乱は、強いチームになるステップ

準備

形成期
チームメンバーが出会う。
この段階では、よそよそしさがある。
この時に必要なのは「会話の量」。

混乱期
チームメンバーがぶつかり合う。
いよいよ、より良いものを作るための意見交換が活発になる。
この時に必要なのは、お互いを知るための忌憚のない会話。
いわば、「会話の質」。

強いチーム

統一期
共通の規範が出来る。
足並みが揃う。
この時に必要なのは「納得感」。

機能期
卓越した成果が出る。
この時に必要なのは「祝福」。

⦿たった1日で「会話の質」を高める方法

お互いを知るために、**1日もしくは半日を使って研修をしてみる**のがオススメです。

意外と日常の会話では、お互いのことを表面的にしか把握できていないものです。

私の場合は、強み診断ツールの「ストレングス・ファインダー」（210ページ）を使いました。

私たちは無料版を使って簡易的に本人の強みを出したのですが、ストレングス・ファインダーでなくてもいいですし、このようなサーベイがなくてもできます（211ページ）。

さて、ここでわかった強みは、本当に多種多様。時には対立するのもうなずけました。

ある人は「情報を蓄積すること」が得意、ある人は「新しい工夫をすること」が得意、ある人は「チームで協業すること」が得意である、といった強みが出てきました。

情報を蓄積したい人に、「知識を蓄えるのはいいから、もっと早く動いてよ」なんて発言したとしたら、その人の考え方そのものを否定してしまうことになります。

その人の「発言の背景」や「価値観」を知れば、相手への理解力が俄然高まります。

そして、その研修で聞くことは、次の4つのこと。

①今の仕事の満足度は？
②何があれば、満点？
③どんな時に喜びを感じる？（今までで、喜びを感じたことは？）
④モチベーションが高い時、または回復した時、発揮していた強みは？

人数によっては、1～2時間でもできますので、ぜひトライしてみてください。

私も研修講師として、この手法を様々な企業に提供しているのですが、毎度のことながら、思った以上にお互いのことを知らなかったと驚きの声があがります。

もちろん、時間をかければ、次第にお互いのことを知ることはできるのですが、事業のスピードがますます速くなる今、時間をかけないで、お互いのことを深く知る工夫も必要になってきています。

Point
チームの混乱は成長痛。まずは、次の成長に向け、お互いのことを知る時間を設けよう！

ストレングス・ファインダー®

ストレングス・ファインダーは、世論調査と組織コンサルティングを手がけるアメリカのギャラップ社が開発した強み診断のツールです。会社員だった頃、上司が「これはいいぞ」と意気揚々と語っているのを見て、私もWebで受講。方法は簡単。2つの方法があるそうなのですが、私は書籍を購入しました（方法1）。

方法1 アクセスコード付きの書籍を購入する

方法2 ギャラップ社のサイトで直接アクセスコードを購入する

■ アクセスコード付きの書籍

『さあ、才能(じぶん)に目覚めよう
新版 ストレングス・ファインダー2.0』
トム・ラス（著）
日本経済新聞出版社

『ストレングス・リーダーシップ
―さあ、リーダーの才能に目覚めよう』
トム・ラス＆バリー・コンチー（著）
日本経済新聞出版社

あとは、入手したアクセスコードとメールアドレス（またはパスワード）を指定されたサイトに入力して回答。34の資質から上位5位を知ることができます。

ちなみに、私の結果は以下の通りでした。

1位　戦略性　　2位　最上志向　　3位　ポジティブ
4位　活発性　　5位　自我

チームメンバー全員の結果を共有する

強み診断ツールを使わなくてもできる

事前に記入

モチベーションが何に影響を受けるのかを振り返る。

過去～今までを振り返る(社会人になってから今まで)

自身がエネルギーを発揮できていた時、できなかった時を整理してみよう。

西暦	出来事	低←充実度→高	発揮された力 ・充実度が高い時 ・低い状態から挽回に入った時	何を感じていた?
2006	●●入社		チームワーク力	後輩が成長するのを感じることが嬉しかった。 先輩になることに喜びを感じた。
2008	●●に異動			
2009	●●を任せてもらう		闘争心 後輩指導力	勝つことが周囲を元気にすることを感じた。
2010	表彰される		チームワーク力	1人ひとりが役割を持つと力が出ることを知る。
				組織変更のため、やりたい部署がなくなり、悲しかった。
				思った以上に過去の経験を忘れ、新しいことに没頭できる自分に驚いた。

■充実感を得ていた時の共通点は？

■充実感を得ていた時、どんな力を発揮していた？

■充実感が「低い状態」から「高い状態」に転換する時、何がきっかけとなった?　また、何をしたことで、きっかけをつかんだ?

共有する

お互いの結果を共有する

09 1人ひとりを主役にする

リーダーは1人で頑張ってはならない。主役はリーダーではない。できるリーダーは、「明確な役割」を与えることで、1人ひとりの力を引き出すことを考える。

⊙あなたの「参謀」を育てる

あなたには、「参謀」はいるでしょうか?

参謀とは、あなたの「協力者」であり、「代行」もしてくれるような部下のことです。いないなら、今のうちに育てておくことをお勧めします。

まず参謀の効果を紹介しましょう。

あなたが、何か新しいチャレンジをしようとした時、おそらく反対が起こります。いわゆる、「2対6対2」の法則です。2割が「賛成」、6割が「意見なし」、2割が

「反対」、多くの場合こうなると考えてください。この時、まず6割を動かすことから始めます。6割が動けば、2割も動かざるを得なくなるからです。

その時、**あなたが言うより、参謀が「やるしかない」と言ってくれたほうが、形勢は早く逆転できます**。

私も、何度も参謀によって救われました。

先ほどの「1年後に成果発表会をしよう」と私が提案した時もそうでした。

この時も、みんなの反応は、「2対6対2」。反対の2割の抵抗はかなり強く、膠着した場面がありました。そこで、私の代弁をしてくれた人がいたのです。

「俺はやるべきだと思っています。今は大丈夫だけど、3年後を考えたら、今以上のお客様との関係性を作ることは必要だろうし。やりませんか？」

これで、決まりでした。

「あなたが参謀だ」と言う必要はありませんが（言ってもいいです）、同じ目線で考えることができ、相談ができる、そんな信頼できる人が参謀です。こんな人がいるとずいぶんと助かるものです。もしいないなら、まずは育てるしかありません。

半年、1年かけて、情報を共有しながら、相談をしてみてください。次第に目線が合ってくるでしょう。

⊙1人ひとりにチームの役割を付与する

参謀だけが頑張っても、バランスが悪いものです。主役と脇役のようにしてはいけません。1人ひとりに、役割を担ってもらってください。

役割は、チームにおける存在価値を発揮するきっかけになります。

「高橋さんの取り組みによって、改善提案数が5％上がりました」と、みんなの前でほめたらどうでしょう。やる気が高まらないはずがありません。

チームにおける主な役割としては、次のようなものがあります。

【チームメンバーの役割】

- 考える役割（新しいやり方を考える人）
- 作る役割（ツールや資料を作る人）
- 会議を仕切る役割（会議を進める人）
- 広報する役割（盛り上げる人）
- 労う役割（慰労会等を企画する人）
- 学びの役割（役立つ情報を共有する人）

例えば、チームを良くするために、キャンペーンを考える係でもいいでしょうし、汎用の企画書を作成する係でもいいでしょう。

会議の司会を任せる職場もあります（司会を上司がやらないほうが主体性が向上します）。

キャンペーンの広報係でもいいでしょう。達成会の幹事でもいいでしょう。

日経新聞や日経流通新聞（現・日経ＭＪ）から、仕事に役立つ情報を共有してもらう係を決めたこともありました（これは、勉強の習慣にもなります）。

もちろん、１人が複数の役割を兼務するのもいいでしょうし、複数のメンバーで1つの役割を順番に担当してもらってもいいでしょう。

いずれにしても、まず役割を決めた上で、１人ひとりに役割を付与してみてください。

自分たちがチームを動かしているのだ、と思える、そんな主体性を醸成することができること間違いなしです。

Point

チームへの愛着を持ってもらうためにも、１人残らずチームの役割を付与しよう！

10 感謝の総量を増やす仕掛け

上司から感謝されると嬉しいものである。さらに、同僚からの感謝、お客様からの感謝の声があれば、ここのチームメンバーで良かったと思うだろう。

◉「感謝の機会」を最大化させる

感謝されると、誰もがやる気が高まるものです。

心理学者のアダム・グラントらが行った感謝に関する研究でもこう言っています。責任者から感謝の言葉と活動のフィードバックを受けると、生産性は向上する、と。だとするなら、感謝の言葉をもらえる機会を最大化させる方法を考えてみてはいかがでしょう。ここでは、もっと感謝を増やす方法を紹介します。

上司だけではなく、**3つの方向から感謝の気持ちが耳に届くようにしてみてください。**

1つ目は、上司であるあなたからの感謝。

あなたから「頑張ってくれてありがとう」「助かったよ。ありがとう」と伝えます。最低でも、1週間に1回もしくは2週間に1回は伝えましょう。ほかにも、

●半期に1回、その期に活躍した社員へ贈る、職場での「MVP賞」「優秀賞」等の表彰
●毎週、SNSやメールで配信（トピックスと頑張った人の仕事ぶりを伝える）
●朝礼で、必ず感謝の言葉を添える

といったように、感謝の気持ちを伝える「ルーティーン」を持つことも効果的です。

「感謝総量」を増やす

感謝総量
＝
「上司×同僚×お客様」の感謝

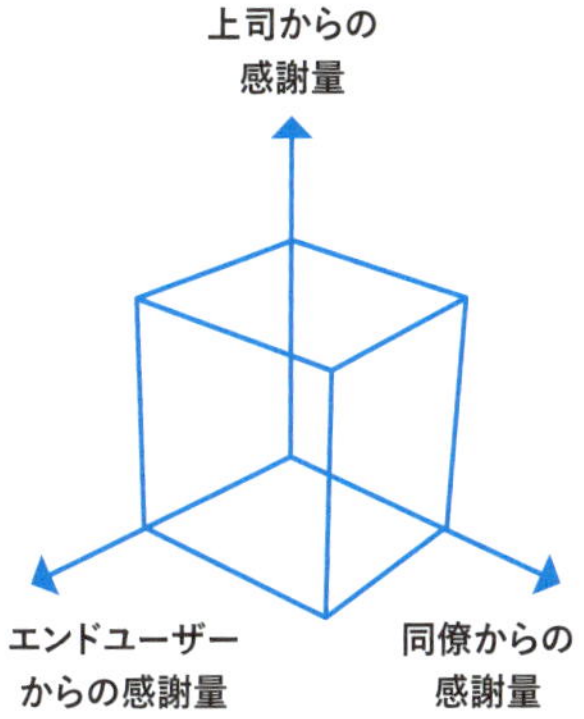

2つ目は同僚からの感謝。

同僚からの感謝の言葉は、上司のそれとは異なり、チームに受け入れられていることを実感できる効果があります。この感覚を「組織への適合感」といい、チームへのエンゲージメント（絆）を高めると言われます。

ただ、仕掛けは必要です。

●職場で表彰をする（例：みんなが選んだベストプレイヤー）
●お互いが感謝の気持ちをカードに示すサンクスカード
（手書きのカードを渡すザ・リッツ・カールトン東京や日本航空、色々な場所に設置されるボックスにメッセージカードを投函する東京ディズニーリゾート等は有名）
●メンバーの誕生日に、ケーキで祝う（感謝を添えて）

といった方法があります。

3つ目はエンドユーザー（お客様）からの感謝。

お客様のアンケートで得られた声、ネットでの口コミ、また実際に得たお客様の声をメンバーで共有します。自分たちの自信につながり、行動が強化される効果があります。

社会に対して役に立てているかの関心が強くなってきている今、強化しておきたい切り口です。

●お客様の評価を集める（アンケート、電話、上司の訪問等）
●そのお客様の声をSNSやメールで配信
●頂戴したコメントを壁に掲示

お客様に喜んでもらえていることを実感する機会は、意外と少ないものです。

ぜひ、計画的に声を集め、共有することをされてみてください。自信になります。

これらの3つの方向で最大の感謝を得られる仕組みを作ってみてください。

リーダーは、その機会を作るプロデューサーなのです。

Point

感謝する機会は、「思いつき」ではなく、計画的に「仕込んで」おこう！

第6章

スパッ！と「決められる」リーダーになる

01 いかなる時も迷わないために

「まだ、大丈夫では…」と、つい判断を先延ばしにしてしまっていることはないだろうか。その一方で、「その場の雰囲気」で即決をし、後悔をしたことはないだろうか。リーダーはブレない判断軸を持っておくことが肝心なのだ。

⦿「決めないリーダー」は、問題を増殖させる

リーダーが犯してしまいがちなミスに「意思決定の先送り」があります。先延ばしにしてしまったばかりに傷が大きくなってしまうことが、なんと多いことか。

飲食店コンサルタントとして著名な小野寺誠氏（株式会社ファースト10代表）は、こう言います。

「できる店長は、人が辞めることを想定し、人がいるうちに募集をかけ、できない店長は、人が辞めるとわかってからあわてて募集をかける」と。

お話を伺うとこういうことでした。

「できない店長は、余裕がないため、背に腹を変えられず、〝週1日からでもＯＫ〟といった安易な対症療法をしようとする。でも、そんな人を採用しても、結局は戦力にならず、すぐに辞める。その結果、店のサービスが低下し、取り返しのつかない事態となる」と。

決断の先延ばしは、その間に、菌が増殖するように、問題が増殖します。

ゆえに、リーダーは、**リスクを強く意識した上で、「ひょっとしたら、こうなるかも」を想定し、今から動いておいたほうが良さそうなら、多少のムダが発生する可能性があっても、先んじて動くことが正解**なのです。

⊙〝ブレない判断軸〟を持つ

だからといって、「思い切りの良さだけが大事」と言っているのではありません。

ましてや、**その場のプレッシャーや雰囲気で〝よし、行こう〟と格好をつけて決めてしまうことは、無用に部下を振りまわしてしまい、部下を不幸にする**可能性すらあります。

名著『失敗の本質』（中公文庫）には、思い切りの良さで決めたことで生んだ太平洋戦争の悲劇がたくさん紹介されています。特に凄惨なのは「インパール作戦」。今ここで、勝負をしないことは、士気を下げてしまうし、そんな格好悪いことはできない、と考えた司令官は、かすかな期待を込めて作戦を決行（周囲は反対していましたが…）。

結果、日本軍10万人のうち、戦死者3万人、傷病者4万人とも言われる、悪名高き作戦となったことは有名です。

生き残ったある元上等兵の方はＮＨＫのインタビューにこう答えています。

「たいがい、お母さんの名前。お母さんいない人はお父さんの名前を呼んで死んでいきますね」と。

司令官は、このような事態になることを把握できていたのでしょうか。ただただ、功名心や体裁が勝ってしまったのでしょうか。

企業でも似たことはよくあります。

取引先にムリを言って自社商品を買ってもらったり、自社買いをして目標を達成したり、検査の数値を少しだけ都合よくしたり…。**場のプレッシャーに流されないためには、「ブレない判断軸（原則）」を持つといいでしょう。**簡単には流されなくなります。

現場リーダーが持っておきたい判断軸を紹介しておきましょう。

【現場リーダーが持っておきたい判断軸】

●お客様視点（常に社内事情より、「お客様はどう思うのか？」で考える）
●公平な視点（同じ取引額だが、値引率が違う等。長期で見ると事業を弱くする）
●リスク視点（「最悪の場合、どうなるのか？」を考え、早目に手を打つ）
●目的視点（「そもそもの目的」から外れていないか。インパール作戦の失敗はこれ）
●効果視点（「投資対効果」で考える。効果の見えないことはやらない）
●回復視点（失敗をしても、ダメージが少なく、勉強代として考えられる範囲か）
●長期視点（目先のことで考えない。この先のことで考える）

⦿トレードオフに妥協しない

時には「トレードオフ」の状況で判断を迫られることもあるでしょう。「量」をとれば「質」が下がり、「スピード」をとれば「コスト」が上がる、そんな二律背反する状況をトレードオフと言います。

経営学者のゲイリー・ハメルが言ったのは、**「狙うべきはORではなくAND」。**

コツがあります。**ANDを実現させる時は、「第三の案」を絞り出すことです。** たしかに、ORに妥協してはブレークスルーを起こせませんし、可能性を潰してしまいます。

例えば、ある人材派遣会社の若手リーダーはこう考えました。

あなたも、一緒に考えてみてください。

【ケース】　その営業リーダーが置かれていた状況

・クライアントの新規開拓においては、多くの電話をかけないといけない。
・計算では1人、1日100〜200本のコールが必要。
でも、それはあまりにハードであり、離職率アップにつながりかねない。
・アウトソーシングすると、1本のコール数ごとに料金が発生するのが一般的。
ゆえに、コール数が増えるほどにコストは上がる。
でも、その事業は新規事業で、大きなコスト（固定費）をかけられない状況。

さて、この相反《あいはん》する状況に、あなたならどのように対応しますか？
その若手リーダーが考えた「第三の案」は次のようなものでした。
「まず、アウトソーシングはする。
ただし、1本のコール数ごとではなく、アポイントごとの成果課金で契約をする。
これなら、コール数が増えてもコストは増えない。
アウトソーシング会社にとっても、企業努力でアポイント効率を高めることができれば、少ないコール数でアポイントがとれ、彼らの利益率は上がる。

そのためのトレーニング、情報提供は惜しまずに提供することも約束する」

探してみるものです。この条件なら、喜んで請け負ってくれる会社がありました。

その結果、順調な立ち上がりを見せ、最初は4人でスタートした事業でしたが、その4年後の今では、まもなく従業員数が100人を超えそうな勢いで伸びるまでになっています。


「量をとるか質をとるか」「効率性をとるか安全性をとるか」、このようなトレードオフの決断に直面した時は**安易に妥協せず、「第三の案」を出す視点で考えることをルールとしてみてください。この判断こそが、職場、事業を強くするチャンスでもある**のです。

Point

迷った時は、自分の「判断軸」で決める。まずは「判断のルール」を決めておこう！

02

迷った時は、「セオリー」で考える

「愚者は経験に学び、賢者は歴史に学ぶ」、そんな格言がある。実は、有名なビジネス理論のセオリーは歴史が証明したものばかりである。名リーダーが迷わないのは、ビジネス理論のセオリーで判断しているからなのだ。

◉星野リゾートの星野社長が「迷わない理由」

常に迷うことなく大胆に決断される、星野リゾートの星野佳路社長の考え方は参考になります。あるパネルディスカッションで「判断軸」について質問されたとき、星野社長は次のような回答をされています。（※①）

「僕の場合は、判断軸の一つはビジネス理論なんです。理論は信頼できると思っています。なぜなら、すでに証明されている成功パターン、つまり定石だから。

何か課題があると、必ずどの理論にあてはめたらいいんだろう、と考えます。その時に大事なことは、教科書に基づいてちゃんとやってみること。自分の都合の良

※①GLOBIS知見録「G1新世代リーダー・サミット2018『G1-U40へのメッセージ』」の動画をもとに、星野社長の発言部分を筆者が要約

いところだけをピックアップしてやるのではなく、全部やってみることが大事です」

この言葉にウソはありません。2018年の世界経営者会議に登壇した星野社長は、ハーバード・ビジネス・スクールの竹内弘高教授から、ギャグでこんな指摘を受けていました。

「星野さんは、私と一緒。徹底的なマイケル・ポーター支持者ですものね(笑)」と。

また、星野リゾートでは、ビジネス理論を学習する研修が多く用意されていることでも有名です。理論を知ることがそれほど大事であることを物語っています。

リーダーになったからには、基本的なビジネス理論をぜひ知っておきましょう。

「選択と集中で、やることを絞る」「競争優位性が大事」、そんな言葉を聞いたことはありませんか。「選択と集中」はピーター・ドラッカーが、「競争優位性」は先ほどのマイケル・ポーター(経営学者)が提唱したものであり、これを知っている人なら、やることを絞っていない人を見ると、とても危うく感じてしまうのです。

⊙最初に覚えておきたいビジネス理論

では、最初に知っておくべき、オススメの理論を紹介しましょう。ここでは、詳細を割愛しますが、概ねどのようなものか、どういった効き目があるのかを紹介します。

①事業戦略、マーケティングのセオリー

●SWOT分析（戦略を考えるにあたって、事業環境はどうなっている？）

●成長戦略（どの領域で伸ばす？　新領域にいくのか、それとも既存領域？）

●競争戦略（選択と集中をしている？　競争優位性は明確になっている？）

●マーケティングミックス《4P》（その戦略を進めるための「具体的な戦術」は？）

②マネジメントのセオリー

●バランスト・スコアカード（ところで何をマネジメントするの？　※第5章で解説）

●ヒューマンリソースマネジメント

（離職を出さず、成果を出すための施策は？　最初の配属、研修、評価、報酬は？）

●コーチングのGROWモデル（「やらされ感」をどう払拭する？　※第4章で解説）

③財務の基本セオリー

●PL《損益計算書》（売上、粗利率、営業利益率はどうなっている？　ムダはない？）

もちろん、これらはほんの一部に過ぎず、知っている人から「ほかにももっといっぱいある」とご指摘を受けることは必至。でも、現場リーダーが、これを知っているのと知らないのでは、判断の質が大きく変わることに異論はないはずです。

興味を持ったら、ビジネスフレームワークの解説本を1冊買ってみましょう。本格的に学びたいと思ったら、ビジネススクールに通ったり中小企業診断士の勉強をすることもオススメ。資格の勉強は、たとえ合格できなかったとしても、かなり武器になります。

余談ですが、資格試験には落ちたものの、その知識を武器に社内で影響力を持ったことで昇進したり、その知識と専門性を掛け合わせたコンサルとして起業したりしている人の収入のほうが資格保有者より格段に高い、という逆転現象が普通に起きています。

つまり、大事なことは「資格の取得」ではなく、実務で武器にしているかどうか。ある時期に、集中して勉強することは財産になることは間違いありません。リーダーになった時こそが、その絶好のタイミングです。

Point

リーダーになったら、経験ではなく、セオリーで判断できるようになろう!

03

考えるのは、いつも「課題は何？」

ダメなリーダーは、いきなり「やり方」から考えて失敗する。結果を出し続けるリーダーは、「やり方」を考える前に、「課題」を絞るので、やるべきことをはずさない。課題を絞れば、やるべきことが鮮明になる。

⊙できるリーダーは、「対策」から考えない

思いつきで決めてしまうことほど、ムダを増やすものはありません。労多くして報われないとなると、部下からの信頼も失ってしまうでしょう。

まず、**解決すべき問題に直面した時、具体的な対策から考えるのではなく、その前に「課題」を特定しなければならないのです。**

まず、課題とは何か、ここをおさえておきましょう。

問題と課題がゴチャゴチャになっている人は少なくありません。

この2つを整理するとこうなります。

問題とは、「あるべき姿（こうありたい）」と現状とのギャップのこと。

課題とは、「まず、解決すべきことは何か」、つまり成功の鍵（要素）のこと。

では、次ページの図（※1）をご覧ください。

この図は、判断の「質が悪い」リーダーと、判断の「質が良い」リーダーの違いを説明したものです。このように、**判断の質が悪いリーダーはいきなり対策から決めます。**

口ぐせは「私の経験では」「ほかでこれをやっているから」「上司がこれをやるべきだと言っているから」で、思考が短絡的なのです。これでは、筋の良い対策を立てられません。

⦿どうやって課題を絞るのか？

一方、**判断の質が良いリーダーは、まず「課題」を特定します。**

その上で、いくつかの対策案を出し、効果の観点から、スパッと選択します。

さらに細かくプロセスを記すと、図（※2〜※3）のようになります。

判断力を鍛えるには「課題」から考える人になる

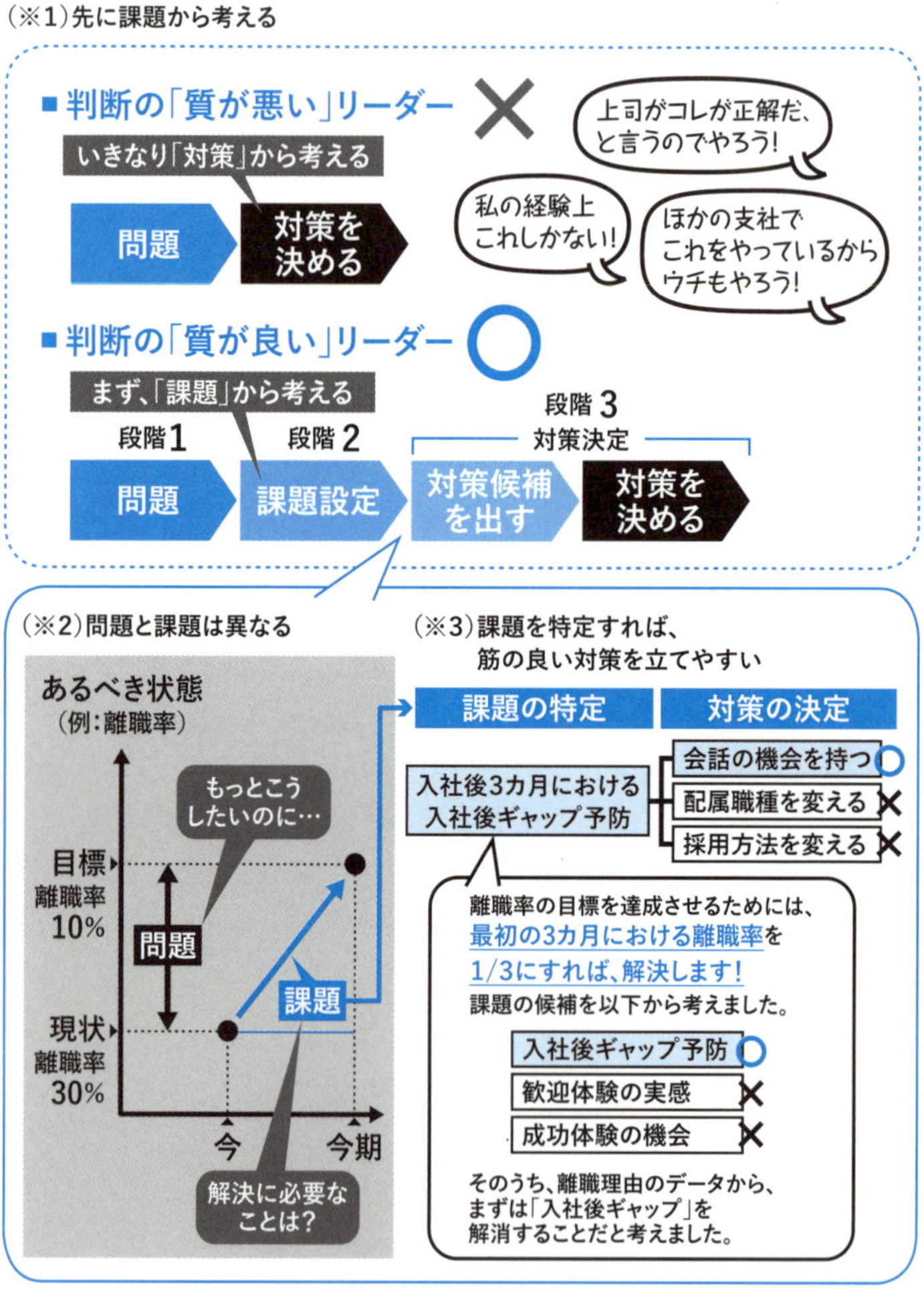

この図は、離職率を10%にしたいものの、現状は30%の状況にあるケースを例にしたものです。では、まず課題を特定する方法を見てみましょう。

この図のように、「入社後3カ月間の離職率を3分の1」にすれば、全体の離職率が10%になることがわかったとします。これだけでも、かなり絞れました。

そこから課題候補を出します。このケースでは、「入社後ギャップの予防」「歓迎体験の実感」「成功体験の機会」という計3つの候補を出しました。

ここでは、離職理由のデータを確認し、課題を「入社後のギャップ」だと判断しました。

その上で、対策候補をいくつか挙げ、最も効果のありそうな対策を選択します。

いかがでしょう。このように**課題から考えることで、優れた判断が可能になる**のです。

さて今、あなたが直面している問題は何でしょうか?

ぜひ課題を絞ってみてください。きっと、判断の質が良くなります。

Point

いきなり方法から考えない。解決したい問題がある時は、まず「課題」の特定をしよう!

04 その場で判断できない時

それでも、判断に迷う時はある。だからといって、先延ばしにしてしまうのは危険。もちろん、短絡的に決めるわけにもいかない。まず、そうした時はどうすべきか、ルールを持っておくことが大事なのだ。

⦿目的に立ち返る（何のための決断か）

その場で決めようと焦るほどに、本来の目的を見失ってしまったり、結論を出すことを必要以上に急いでしまったりするものです。

そんな時こそ、少し〝引いて〟、冷静な視座から考える必要があります。

「何のためにこの決断をしようとしているのか？」という目的に立ち返りましょう。

例えば、私が営業課長だった時、こんなことがありました。

「伊庭さん、おそらく年で30億円の売上が入る新規案件の商談をしているのですが、進めてもいいですか？」と。

その部署の年間売上は、50億円くらいでしたので、かなりのビッグチャンスでした。内容を聞くと、本業のサービスを販売するのではなく、まったく別の商売、テレビCMやインターネット広告だったのです。大手広告代理店の仕事をひっぺがえしてくるというのです。その部下の営業力には感動しましたが、我々の本業は求人広告。たしかに、その部下は、センスがあり、その部下なら、充分に対応は可能にも感じました。

上司に相談をすると、「伊庭が判断すればいい」とのこと。

私は、考えた末に断ることにしました。

・そもそも、我々のビジョン、本分は「求人を通じて、お客様の収益の成長に寄与すること」。そのビジョンに基づき、求人サービスに特化している。

・もし、その部下が倒れたり、退職したりすると、対応できる体制がない。その場合は部署を作らないといけない上にトレーニングをしないといけない。

・その30億円は嬉しいけど、その先を考えた時、本業からかけ離れる。しかも、決して我々の強みを活かせる事業ではないので、成果が出たとしても一過性にすぎない。

・立ち上げたばかりの会社ならアリだけど、事業全体ですでに2000億円くらいの売上があった。

以上の理由からの判断でした。その旨を部下に丁寧に説明したところ、「そりゃそうですね」と断ることを快諾。もし受けていたら、拡大することなく終わっていたでしょう。その先の展開が見えない領域です。少なくとも本業に集中すべきタイミングでした。

目先に飛びつかず、軸をブレさせないことの大切さを実感した瞬間でした。

⊙それでも、判断がつかない時

それでも、判断がつかない時はあります。そんな時は、あえて人に聞くことです。

部下に聞く、上司に聞くことはよくやることですが、オススメは、**「セオリーで判断できる第三者」「現状を良く知る第三者」にもアドバイスを求める方法**です。

大学時代の先輩や同僚、友人、ほかの部署の先輩。オススメは、昔の上司。きっと、気づかない視点からアドバイスをくれることでしょう。

経営者や政治家が「占い師」にみてもらうという話を聞いたことはありませんか。これは得体のしれないお告げを聞きたいわけではなく、フラットな視点から背中を押してほしい、それが目的だそうです。

占い師にお願いするまでもなく、あなたの身の回りには、相談できる相手がいるはずです。ぜひ意見をもらってみてください。

⊙孫社長の「すぐやる」力をマネる

先見の明があると言えば、ソフトバンクグループ社長の孫正義氏ではないでしょうか。未知の事業を始めたり、投資をするといったハイレベルな意思決定の場面でも果敢に決断をされているように見えます。

実は、あるルールがあるそうです。

「7割の成功率が予見できればやるべき。5割では低すぎ、9割では高すぎる」

いかがでしょう。このルール、参考にできませんか。自分なりにシミュレーションをしてみて、7割程度なら成功できそうかな、と思ったら、小さく始めてみる。

この小さく始める方法を次に紹介していきましょう。

Point

判断がつかない時は、フタをするのではなく、「行動」を起こすこと。

05 リスクのない範囲で実験する

やってみないとわからない時は、「リーン・スタートアップ」でやる、が正解。リスクのない範囲で実験を繰り返し、勝ち筋を作るのが今のグローバル・スタンダード。

⦿迷ったら、「リーン・スタートアップでやろう」を決めゼリフに

「リーン・スタートアップ」を知っておくと、決断力に磨きがかかります。

リーン・スタートアップとは、元々はアメリカの起業家エリック・リース氏が提唱した、「新規事業の立ち上げ」をスムーズに行うための手法のこと。

アイデアがあるなら、シミュレーションに時間をかけるのではなく、短いサイクルで仮説の構築と検証（小さな実験）を繰り返しながら、成功を探り当てていくというものです。

有名な例では、「Instagram（インスタグラム）」があります。

元々は「Burbn（バーブン）」という位置情報アプリとしてスタート。

しかし、当初は思った以上に人気が出なかったのですが、改良の実験、学習を繰り返す中で、「写真の共有機能が最も人気がある」という事実を発見します。

その結果、Burbnは写真投稿を楽しむSNSに方向転換。写真投稿・コメント・いいねの機能を装着し、今の「Instagram」の源流になったのです。

もう、お察しのことと思います。そうです。

このリーン・スタートアップを、職場の挑戦を検討する際に取り入れるのです。

まず、リーン・スタートアップの手法を解説しましょう。

⊙現場で「リーン・スタートアップ」をまわす

まず、リーン・スタートアップのまわし方を覚えておきましょう。

次ページの図をご覧ください。文章で解説するとこんな感じです。

- まず、筋の良いアイデアがあれば、**プロトタイプ**（**新しい方法**）を作ってしまい、理屈抜きで「**小さく実験**」をしてしまう。
- リスクのない範囲でやってみた結果を**検証**（**計測**）する。
- 結果をもとに学習。次のアクションを決める。「**促進**」「**中止**」「**再実験**」**を決める**。

リーン・スタートアップ
リスクのない範囲で、小さな実験を繰り返す方法

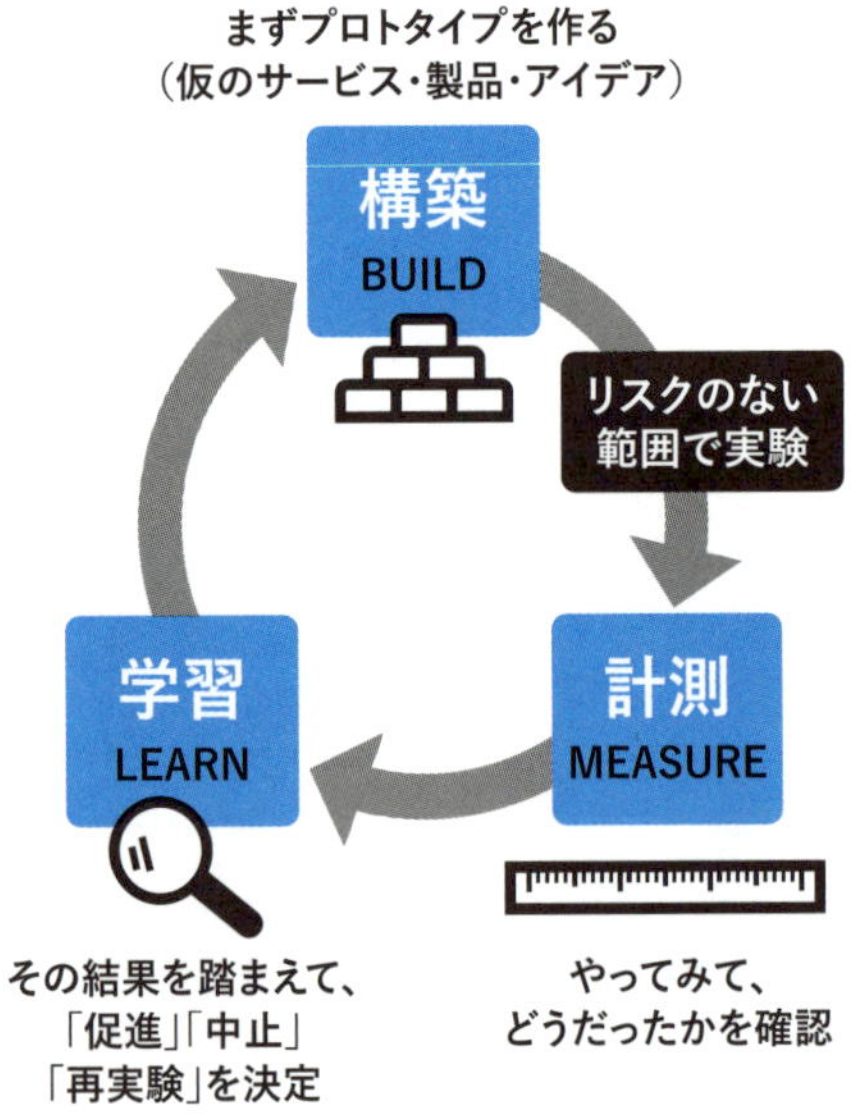
まずプロトタイプを作る
（仮のサービス・製品・アイデア）
構築
BUILD
リスクのない
範囲で実験
計測
MEASURE
やってみて、
どうだったかを確認
学習
LEARN
その結果を踏まえて、
「促進」「中止」
「再実験」を決定

実際の例を紹介しましょう。会社員時代、朝礼をなくした私の経験です。

課長の時、「朝礼がムダではないか」と考えました。儀式のようになっていたからです。ただこの朝礼は会社の慣習になっており、いわば聖域に踏み込むことだったのです。

上司に相談したところ、上司は反対。「士気が下がる」との意見でした。

そこで、全廃するのではなく、腹案として用意していた「週に2回の実施（構築）」を提案して合意。1カ月の実験を経て、結果を計測。すると、事務所に立ち寄らず直行が増えたため、「商談件数」が増えており、部下の士気が下がるどころか、仕事が前倒しになったことで残業抑制にもなり、むしろ士気は上がっていました。

ただ、チーム全体の動きを知る機会はほしいという部下の声があり、全廃ではなく、週に2回で実施することがベストだと判断。結果、朝礼は週2回となりました。

あなたの職場でも、「なくしてみたい聖域」「なかなかできないトライ」はないでしょうか。

そんな時こそ、リーン・スタートアップで実験をしてみてはいかがでしょう。「検討してみる。でも、難しそう…」といった曖昧でネガティブな対応は、優柔不断だと思われてしまいます。ぜひ、スパッと「小さく実験」をしてみてください。

Point

わからないから、やらないのではなく、わからない時こそ、実験してみよう!

06 「自分の正解」にこだわらない

こだわりの強い職人気質のプレイヤーほど、リーダーとして失敗しやすい。「強み」「個性」「考え方」は人それぞれ。自分のこだわりを押しつけた時点で、部下の才能は枯れる。

⊙プレイヤー上がりのリーダーが失敗する、最大の理由

今や人事のオピニオン・リーダーの1人、サイバーエージェント取締役の曽山哲人氏に「リーダーになるにあたっての注意点」を尋ねたインタビュー記事（「ログミー」2017年4月27日）は参考になります。

「これは簡単ですよよ。自分のやり方を押しつけないこと。（中略）プレイヤー上がりでリーダーになる人が失敗するのは、これが理由なんです。（中略）できるリーダーは、メンバーにやり方を考えさせる。ダメなリーダーは、自分のやり方を押しつける」

実に、本質をついた言葉ではないでしょうか。

イチロー選手が新人の頃、その打撃フォームを「基本がなっていない！」と否定し、フォームを矯正しようとしたのは、当時のオリックスの土井正三監督（V9時代の巨人の主力選手）でしたし、若かりし日のダウンタウンの漫才を見て「そんな品のないのはアカン。そんなん人様の前でやったらアカンで」と言ったのは、当時絶頂を極めていた横山やすしさんでした。

プレイヤーとして結果を出してきた人ほど美学や哲学があり、良かれと思って指摘をすることは少なくありません。でも、もし当時のイチローやダウンタウンが真面目に言いつけを守っていたらと思うと、ゾッとしませんか。きっと今の活躍はなかったはず。

自らの正解にこだわらないのはもちろん、むしろ**自分を超える方法を〝一緒に考えてあげられないか〟**と考えてみてください。

今の20代前半の若者は、たしかにミスを恐れる傾向は否めません。しかし彼らの突拍子もないアイデアには素晴らしいものがあります。生かすも殺すもリーダー次第です。

Point

自分が「理解できる」ことだけに賛成するのは間違い。むしろ違う方法を歓迎しよう！

07 失敗を恐れないコツ

失敗を恐れる人と恐れない人の差は「勇気の差」ではなく、見ている「期間の差」である。期間を長くとると、目の前の失敗は、成功に向けての「投資」になる。

◉失敗を失敗と思わない人たち

「失敗学」という学問があります。「失敗を活かす学問」です。

この「失敗学」を研究する元東京大学大学院特任教授・濱口哲也氏によると、「過去の事例を集めると、新しいことに挑戦したとき、99・7％は失敗に終わる」と言います。（※①）

ずいぶんと失敗が多いな、と思いますが、多くは失敗するというのは同感です。

でも、その失敗すらも失敗ではない、と言い切る、そんな猛者も少なくありません。

例えば、パナソニックの創業者、松下幸之助氏はこう言っています。

「世にいう失敗の多くは、成功するまでに諦めてしまうところに原因があるように思わ

※①『Works』（リクルートワークス研究所、No.99）

れる」と。（※②）

京セラの創業者、稲盛和夫氏もこんなことを言っています。

「世の中に、失敗というものはない。チャレンジしているうちは失敗はない。あきらめた時が失敗だ」と。

先ほども紹介した星野リゾート社長の星野佳路氏も、

「長期視点に立つ。理論でもうまくいかないことはある。でも、長期の時間軸で考えると失敗かどうかわからない。しつこくやる。しつこくやるから、失敗したことがないと言われる、成功するまでやり続ける」

つまり彼らは、**「長期的な視座からその失敗を見ると、実は失敗ではなく、成功へのステップに過ぎない」**と言っているわけです。

◉失敗を活かす「失敗知識」という資産

「失敗学」に関して、前出の濱口哲也氏はこうも言っています。

「失敗学は『失敗に学ぶ』ということ。創造のプロセスで必ず起こる失敗をそのまま終わらせるのではなく、有効活用しましょう、そして次に起こり得る失敗を未然に防ぎ、創造の効率をあげましょう、というのが発想の原点なのです」

※②『指導者の条件』（松下幸之助、ＰＨＰビジネス新書）

濱口氏はまた、失敗から学ぶには、**「失敗を上位概念である失敗知識に変える」**必要があるとして、炭鉱事故の例を紹介しています。

ダメな例は「炭鉱では粉塵が爆発する」と現象を記録するだけ。これでは、ごく少数の人しかここから学ぶことはできません。

一方、失敗を知識に変えると、こうなります。

「粉体は体積分の表面積が大きいために、酸素を大量に取りこんで爆発する」

こう表現すれば、〝教訓〟として多くの人に活かされます。

つまり、長い目で見ると、失敗は成功へのプロセスであることがわかります。

なので、うまくいかなかったことを、キチンと反省する機会、次に活かす方法を話し合う機会を設けることが、失敗を成功に活かすことにつながるのです。

⦿失敗の確率を出してみる

それでも**不安な場合は、最悪の事態が起こる確率をシミュレーションしてみます**。

あるシーンで、ちょっとイメージしてみましょう。

起死回生の販売キャンペーンを企画するシーン。「失敗したら降格になるかも」、そんな切羽詰まった状況にいるとしましょう。不安のために決断できないでいるとします。

この時、仮に「成功、失敗の確率を半々」と考えたとします。

・この販売キャンペーンが失敗する確率は？　→　半々です。（×50％）
・その結果、目標が未達成になる確率は？　→　半々です。（×50％）
・あなたへの風当たりが強くなる確率は？　→　半々です。（×50％）
・担当をはずされる可能性は？　→　半々です。（×50％）
・結果として、降格になる等の可能性は？　→　半々です。（×50％）

50％が5回。これらを掛けると、降格になってしまう可能性は約3％。
「降格になるかも」という心配は、取り越し苦労であることがわかります。
迷ったら、数字で「失敗確率」を出すといいでしょう。
リスクではなく、取り越し苦労であることがほとんどです。

Point

失敗を恐れないために、
失敗を〝俯瞰して〟見る習慣を身につけておこう。

08 いたずらに〝やること〟を増やさない

ムダなことをやらないためには「ムダの基準」を持つことが、極めて大事。
そして、ムダだと判断したなら、思い切ってやめること。
それが、聖域であっても。

⦿スティーブ・ジョブズが、グーグル創業者のラリー・ペイジに伝えたこと

「なにをしないのか決めるのは、なにをするのか決めるのと同じくらい大事だ」（※①）

こう語ったのは、かのスティーブ・ジョブズ。

実際、グーグル共同創業者のラリー・ペイジが、スティーブ・ジョブズに経営についてのアドバイスを求めた際に答えた言葉にもブレがありませんでした。

「やらないことを決める。それが経営だ」

※①『スティーブ・ジョブズ Ⅱ』（ウォルター・アイザックソン、講談社）

そうアドバイスしたことが、有名な逸話になっています。

さて、**我々は、「やることを決める」ことは多いのですが、どれほどまでに本気になって「やらないこと」を決めているでしょうか。**

でも、時代は変わっています。

それを実感する機会がありました。

あるメガバンクの支店長600名にタイムマネジメントの講演をする機会があったのですが、その冒頭で、メガバンクのグループ社長がこうおっしゃったのです。

「長時間、頑張る時代は〝完全〟に終わったと自覚してください。

仕事、プライベート、それぞれを充実させ、しっかりと成果を出す。

そのために、講師の話を〝しっかり〟と聞き、必ず〝実践〟してください」と。

そして、その講演は短い時間ではあったのですが、映像でグループ企業の支店長にも聞かせたいとの相談をいただく、といったことにまでなったのです。

現場リーダーは、もはや「異次元の工夫」が求められる状況になってきているのです。

⦿たった2週間で120個のやらないことが出てきた！

私の研修の1つに、みんなで「やらないことを決める」という研修（生産性向上研修）があります。その研修では、最初に〝ムダを診断する基準〟を紹介します。それが次の4つの観点で、いずれにも当てはまるなら清々しくヤメてみましょう、というもの。

《ムダを診断する基準》

- ●ヤメても、「お客様満足」に影響しない
- ●ヤメても、「従業員満足」に影響しない
- ●ヤメても、「リスクマネジメント」に影響しない
- ●ヤメても、「業績」に影響しない

ある企業の60人の職場では、私の研修後にこのノウハウを使い、社内で業務改善プランコンテストをしたところ、2週間で120個もの業務改善の提案が出てきたのです。

少し種明かしをすると、岐阜県の未来工業（ホワイト企業大賞受賞企業）が行っている「改善案を1通提出するごとに、インセンティブ500円を支給」という手法等をマネ

したのですが、インセンティブがなくてもそれなりの提案が提出されていたでしょう。

また、コストがかかったといっても、「500円×提案120個」なので、合計は6万円。これを安いとみるか、高いとみるかは考え方次第ですが、私は明らかに「安い」と思います。


さて、ここで提案です。

この基準を使って、**みんなで「ヤメることリスト」を作成してみてはいかがでしょう**。

「やること」ではなく、「ヤメること」。会議、書類など、なくしてもいいことは多いものです。きっと、隠れたムダをなくす提案が出てくるでしょう。

職場のみんなで、改善案を考え、「やらないこと&やめることリスト」を作成する。

そうすることで、一気に時間を短縮できること、間違いなしです。

きっと、部下の皆さんもイキイキと考えることでしょう。

Point

「やることリスト」ではなく、みんなで「ヤメることリスト」を作成してみよう!

■本章の参考文献

・『自問力のリーダーシップ（グロービスの実感するＭＢＡ）』（鎌田英治、ダイヤモンド社）
・『ＴＨＥ21』（２０１５年１月号、ＰＨＰ研究所）
・『スティーブ・ジョブズ Ⅱ』（ウォルター・アイザックソン、講談社）
・『失敗の本質―日本軍の組織論的研究』（戸部良一ほか、中公文庫）
・「ダメなリーダーは「自分のやり方を押し付ける」 試行錯誤を続けた男の、チームで勝つ極意」（「ログミー」２０１７年４月27日、曽山哲人氏インタビュー）

第7章

「リーダーの孤独」を感じた時こそ、勝負どころ

01 リーダーにとっての「孤独」

リーダーシップの獲得は「旅（ジャーニー）」に喩えられる。旅路では、孤独も感じる。でも、それは旅で遭遇する試練にすぎない。その先に新しい光景が広がっていることを知った時、「孤独」は、試練ではなく、「成長のチャンス」であることに気づく。

⦿なぜ、リーダーになると孤独を感じるのか？

役職が付いた瞬間から、人によっては「孤独」を感じることがあります。今までに感じたことのない部下との距離、上司からほめてもらう機会の減少、1人で解決しないといけなくなったプレッシャー…まあ、色々な変化を感じることでしょう。

そんな時は、こう考えてください。

いよいよ、リーダーシップの本当の旅がスタートしたのだ、と。

リーダーシップの獲得は、このように旅のようでもあると言われます。

リーダーシップ研究の権威、一橋大学大学院の一條和生教授が著した『リーダーシップの哲学』(東洋経済新報社)という本の中に、こんな一節があります(この本は、著名な経営者12名へのインタビューで構成されているものです)。

「どなたにも程度の差はあれ、アップとダウンの時期があった。それにもかかわらず、すべてのリーダーシップ・ストーリーが悲劇に終わらなかったのは、全員がつらいときにも未来に希望を持ち、苦境を乗り越えてジャーニーを続けたからである」

たしかにリーダーシップを獲得する過程で、必ず孤独を感じる瞬間はあります。

部下がついてきてくれない時もあるでしょうし、上司が理解してくれないと感じることもあるでしょう。しかし、いかなる状況も、リーダーになると**すべて自分の責任として跳ね返ってくるので、仕方ありません**。

プレイヤーの時は、かばってくれる人も多いのですが、リーダーになると、そうはいきません。未来志向を持ち、苦境を自分で乗り越えなければならないのです。

◉孤独を感じたら

『はじめてのおつかい』というテレビ番組を見たことがないでしょうか。

2~3歳の小さな子供が1人で、近くのお店におつかいに行く姿を追う番組です。

たった5分程度の道のりであっても、子供にとっては、それは〝冒険〟であり、途中で泣き出してしまう子供もいます。

しかし、おつかいから帰ってきた子どもは、買ってきたパンや野菜を誇らしげにお母さんに渡します。「全然、平気だった」と言いながら。

そして次からは、1人でおつかいに行けるようになるわけです。

リーダーも一緒。**孤独を感じた時、泣きたくなることもあるでしょうが、必ずそれは成長への試練、成長のチャンスなのです**。まず、そう思うようにしてください。

とはいえ、苦しいことには違いありません。その時、必要以上に悲観的にならないためのコツを紹介しておきましょう。やるのは、この3つ。

●まず、能力不足を悲観しない（リーダーの向き不向きを考えない　等）

●視点を変える（ほかの視点を持つ、長い目で見る　等）

●行動を変えてみる（教えを乞う、とにかくやってみる 等）

うまくいかなかった時、この3つを繰り返せば、確実に乗り越えられます。

逆に、今まで研修で多くの役職者を見てきて、苦境からなかなか抜け出せない人というのは、「自己正当化」をしてしまう人です。

うまくいかなかった時、「商品力がないから仕方ない」「部下がやってくれないから仕方ない」「景気が悪かったので仕方ない」と言えば、許されそうに思えますが、リーダーにおいては、天にツバを吐いているのと一緒。周囲は「だから、どうすべきなの？」と思うはずです。「商品力がないなら、どうする？」「部下がやってくれないなら、どうする？」と。

リーダーは、「それでどうする？」を考えるのが仕事。苛酷に感じることもあるでしょう。この章では、そんな「リーダーの孤独」を乗り越えるコツを紹介していきます。

Point

孤独を感じた時は、悲観をせず、「視点」を変え、「行動」を変えれば、必ず景色が変わる。

02

「不条理」を乗り越える

時には「貧乏クジ」を引いてしまった、「はしごを外された」ということもあるかもしれない。しかもその時、周囲は苦境にあえぐあなたにさほど関心を示してはくれない。でも、それを乗り越えた時、かけがえのない「宝物」を手にすることができるのだ。

◉「理不尽」と「不条理」の違いを意識しておく

ある会社の幹部から聞いた話。

「理不尽と不条理は違う。理不尽は乗り越える必要はない。でも、不条理は乗り越えることで、強くなる」

「理不尽」とは、虐げを受けること。罪ではないのに罪だと言われたり、ムリなことを強要されたり、いわゆる、尊厳を反故《ほご》にされること。

「不条理」は違います。特に何か落ち度があるわけでもないのに、自分が不利な状況に追い込まれること。貧乏クジを引かされた…そんな状況です。多くの場合は、情勢が変わったといった、本人以外のことに起因するものがほとんど。

例えば、ある部門に責任者として着任したのはいいけど、思った以上にボロボロで、立て直しに時間がかかることが判明したとします。それを報告したところ、「それでは、話にならない。急いでやってほしい」と言われることなどは、まさに、よくある不条理でしょう。

はしごに登ったら、はしごを外された…。

そんな感じです。残念ですが、やはり、これは起こることなのです。

というのも、**状況が刻々と変わるので、仕方ないのです。その対処も含めて、請け負うのがリーダーです。**

でも、こう考えてください。この不条理を乗り越えれば、必ず強くなれるのだ、と。

⦿不条理な経験は、財産になる

実は、私もささやかながら「不条理」は経験済みです。その1つを紹介しましょう。

会社員時代、役職を1つ落とされたことがありました。

でも、悪いことはしていませんし（むしろ、かなり真面目でした）、人事考課も良かったのです。どちらかと言うとほめてもらうことが多かったほうでした。

当時の上司に「降格ですか？」と言うと、「そうではない。わかってくれ」との返事。

ただ、当時、景気が急激に冷え込んでおり、会社全体の状況は一変していました。

でも、「なんで俺が？」という気持ちはぬぐえませんでした。「辞めようかな」とも思いましたが、「これも経験かな」と視点を変えました。10年後の自分にとって、意味あるものにしようと、仕事に打ち込むようにしました。

自分でいうのもはばかられますが、その経験によって、人間力が高まり、リーダーシップの獲得につながったと感じます。

不条理を抱えながらも頑張っている人が多いことに気づけたり、孤独を感じながらもブレない自分の軸を持てたりしたことは、今となっては財産となっています。

この話には後日談があります。会社を辞めてから、すでに退職している当時の取締役に、その時のいきさつを聞いてみたのです。お互い辞めているので本音の話ができます。

すると、想定外の答えが返ってきました。

「あれ？　聞いてないの？　あれは、ただの一時的な調整。戻ると思っていたよ。聞いていなかったのか…。理由か…。むしろ、評価はしていた。実はさ…」

詳しく聞くと、私に非はなく、全社での一時的な調整で、たまたま私がその縮小幅の大きい組織を担当していたことが原因でした。さらに「実はさ…」の後に教えてもらった、当時の真相を聞いた時、腰が砕けそうになりました。オレンジジュースかリンゴジュースかを選ぶ時に目をつぶって取ったら、たまたまオレンジだった…その程度のことで、それ以上でもそれ以下でもない、と聞かされたのです。

冤罪が晴れた、そんな不思議な感情にもなりましたが、今ではその経験に感謝しています。リーダーシップ獲得には最高の試練だったと、確信しているからです。

⦿名経営者にも、不条理な経験はある

今は、各業界のリーディング・カンパニーのリーダーシップ研修をする立場ですが、うまくいきすぎている人を見ると、むしろもったいないな、と感じたりもします。

事実、私のエピソードなんてささやかすぎるもので、先ほどご紹介した一條和生教授の著作『リーダーシップの哲学』に登場する12人の名経営者のエピソードはとても考えさせられます。

例えば、玉塚元一氏（元ローソンCEO）はかつて、ユニクロを展開するファーストリテイリングの創業者・柳井正氏の後継者として、鳴り物入りで同社の社長に就任。しかし、わずか3年で辞めざるを得なくなったことは、今なお有名なエピソードです。

「まだ、チカラがなかった」。それが、玉塚氏が当時を振り返って語る言葉です。今は、経済界でも著名なプロ経営者ですが、当時の心中は穏やかではなかったことでしょう。

同書の第1章を飾った藤森義明氏（元LIXILグループCEO）もそうです。あのジャック・ウェルチにも見初められ、日本人として異例とも言えるGEの副社長を務めた、プロ中のプロ経営者。その手腕を買われ、LIXILのCEOに招聘されました。

この本が出版されたのはその時期のこと。しかしその後、CEOを電撃退任されています。積極的なM&A投資に対する周囲の不信が退任に追い込んだのでは、と言われています。

ほかにも、まだまだあります。

例えば、スティーブ・ジョブズは、自分が創業したアップルを部下にクビにされ（その後、復活）、長嶋茂雄・巨人終身名誉監督は初めて監督に就任した若い頃、成績不振で退任を決意せざるを得ない状況に追い込まれました。パナソニック創業者の松下幸之助氏ですら、戦後にGHQによって公職追放の憂き目にあった経験があります。

書くとキリがないくらいに、ほとんどの名リーダーは不条理を経験しているものです。

ただ、ここに挙げた人たちに共通することがあります。

全員がそうなのですが、再度、声がかかった人たちでもあります。

一條和生氏の言葉、「つらいときにも未来に希望を持ち、苦境を乗り越えてジャーニーを続けたから」こそ、また、再起ができたのでしょう。

不条理な経験があるからこそ、部下の気持ちにも寄り添いながら、厳しい判断もできるようになりますし、今の状況を謙虚に受けとめ、自分を横に置き、使命を果たすことに没頭できるようになるわけです。

不条理な経験は、そのことを心で理解できるよう、教えてくれるのです。

Point

不条理なことがあれば、リーダーとして伸びているチャンスだと考えよう!

03 常に「2:6:2」で考えると、反対も怖くない

リーダーは、全員から好かれる必要はない。新しい挑戦をする時、必ず反対はあるし、時には猛烈に嫌われることもある。しかしいかなる時も、全員が嫌っているわけではない。悩みそうになったら、「2:6:2の法則」で考えると、勇気を持てる。

◉反対されても、気にしすぎない

何かに挑戦をしようとした時、必ず反対する人がいませんか?

時には、あなたを受け入れようとしない、という人もいるかもしれません。

でも、あまり**翻弄されないことも大切です**。

もちろん、現状を知るため、またコンディションを把握するために、意見はしっかり聞くべきですが、多数決や全員一致でチャレンジを考えることはしません。

やるべきチャレンジはリーダーが決断します。

ゆえに、リーダーは必ず反対者と対峙しなければならないと考えてください。この時、**多くの場合において「2：6：2の法則」が働いていると考えれば、ラクになります。**

2割は賛成者。
6割の人は様子を見る人。
そして、最後の2割が、反対する人です。

この時、「反対する2割」「関心のない6割」に目を向けると、孤独感を感じることでしょう。「8割（ほとんど）が関心を持ってくれない」と。

しかし、「反対者は2割しかいない」と、逆の視点で見ると見方が変わります。
まず、関心のある2割を味方につけ、その2割を起点に6割を巻き込むのです。そうなると、反対者の2割もやらざるを得なくなる、そんな流れを作ります。

⦿賛成者を作るために必要なこと

参考になるのは、企業再生コンサルタントです。
若手のコンサルタントが、再生先に送られ、陣頭指揮を執るのですが、そこには古株のプロパー社員がいるわけです。新しいことをする際、「何もわからない若僧が何を言っているのだ」と抵抗感を持たれるのが普通です。

やっかいだな、と思いませんか？　でも、ここからがスタートです。

まず、「こいつは本気だな」と思ってもらわなければなりません。

なので、**最初にやるべきことは、誰よりも汗を流すこと。いわゆる率先垂範**です。

これをやらないと、最初の賛成者2割の心をつかむことも難しくなります。

私が取材したコンサルタントの例を紹介しましょう。

誰よりも早く出社して掃除をし、「今日もよろしくお願いします」と挨拶から始めた人がいました（この職場、事業を大事にしたい気持ちを表す行動）。

一方で、その事業を理解するため、誰よりも一生懸命にお客様を訪問し、お客様の状況把握をした人もいます（誰よりもお客様と向き合っている姿を見せる。また、「お客様がこう言っているから」と言うと、影響力を持ちやすくなる効果もある）。

そうしたベースを作った上で、「私と皆さんが大事にしたいものは一緒。ただ、その大事にするものを守るためには変わらないといけない」といった形で思いを伝えます。

そして、**賛成してくれる2割の意見を聞きながら、進め方を決め、この過程で6割に役割を与えながら巻き込んでいきます。**

重要な役割を任されると、任されたほうは俄然やる気が出るもの。

もちろん、反対する2割にも役割を付与し、会話を続けますが、すぐには変わらないと考えておくことです。

また、2割の賛成者がいるなら、全員で「どうしたいのか」を忌憚なく話し合う、ミーティングや研修も効果的です。2割を占める賛成者の発言を聞き、6割にも伝染する流れが生まれるでしょう。

もし、反対者や理解しようとすらしない人がいたとしても、焦らないことです。

まず、この2割を着実に味方につけてください。

Point

まず、最初の2割を味方につける！
そのためには、率先垂範の行動を見せよう！

04 「立場」で人を動かさない

上司やお客様には従順でありながら、下（部下）に厳しい人を見て、あなたはどう思うだろうか。ついていこうと思わないだろう。上司が考えている以上に、部下はそのことには敏感であることを忘れてはならない。10倍は敏感だと思っておくくらいでいい。

⦿なぜ、人がついてこないのか？

人望がないリーダーにはなりたくないものです。

人望のない人は、次のような言葉をよく口にします。

「…をやらせる」「…をしてくれない」

こういう上司は、今の時代は人を動かすのが難しくなっています。

なぜなら、今は「納得感」を大事にする時代だからです。

このようなセリフを言う上司は、**「つべこべ言わず、思ったように動いてほしい（自**

分の部下なんだから)」と考えていることが多く、もはや時代錯誤なのです。

そして、部下が思うように動いてくれない場合、彼らはこう思います。

「ダメな奴。面倒だ」と。

そりゃあ、人は離れますし、その結果、孤独を感じるわけです。

もちろん、自分の主義をつらぬく一貫性は必要ですし、やってもらわないと困るわけですし、現に昭和生まれのリーダーたち(バブル世代まで)はこの感性で育ってきていますので、先ほどのセリフも違和感を持たずに使っていました。

でも、時代は猛烈なスピードで変化をしています。

今の時代、職場を出ていくのも自由。むしろ、その先には、いくらでも「納得感」を大事にしてくれる会社があるでしょう。

なので、「この上司、ちょっと違うな」と思われたら、そこで終わり。その人も、それを見ている周囲の人も、その職場から離れていくわけです。

そうなると結果も出せず、当然、ますます孤独感を感じることになります。

⊙部下を「プロ」として敬う

話は脱線しますが、最近、ちょっとした法則かも、と思えることを見つけました。

飲食店で店員への言葉遣いが横柄な人は、自分の部下にも横柄に接する、と。

「ねえ、まだ？（注文を取りにくるのが遅くなった時）」

「（フォークを落とした時）店員に持ってこさせたらいいじゃん」

という人は、部下にも同じように雑な言葉で接していることが多いのです。

〝立場ありき〟ゆえ、１人の「人」として尊重する感覚を持てないのです。こうはなりたくないものです。

さて、話を職場に戻しましょう。

まず、誰に対しても**「立場」ではなく、相手を「プロ」として敬うことから始めねばなりません**。具体的には、自分の口ぐせに細心の注意を払ってみてください。

「やらせる」　→　「やっていただく」

「なぜ、やらない？」　→　「やらない理由は何かある？」

「君たちは」「皆さんは」　→　「我々は」

「返事は？（はい、でしょ）」→「不明な点はある？」

「もっと、主体的になれ」→「どうしたらいいと思う？」（と尋ねて、考えを引き出す）

参考になるのはヤマトホールディングスの「逆ピラミッド」の組織図。

同社のホームページにこんな一節があります。

「ヤマトの組織図は逆三角形です。一番上はお客様、その次に位置するのは、最前線で荷物を運び、お客さんと接し、新商品を開発するセールスドライバーたちです。経営陣は彼ら最前線のバックアップです。現場に大半の権限移譲を行っています」


部下1人ひとりを「プロフェッショナル」として認める好事例ではないでしょうか。

部下を自分の所有物のように見てしまうと、孤独感を感じることが多いでしょう。一方、相手を「プロ」として認めることができれば、孤独感を感じることはなくなります。

Point

部下を「下」と見ず、「プロ」として敬う姿勢を持ち、口ぐせにも細心の注意を払おう！

05

孤独を感じたら、本に答えを求めよ！

風邪をひいたら薬を飲むように、仕事で悩んだら、本を読む。本は薬のようなもの。実際、本を読めば、解決の扉がいくつもあることを知る。幸運にも座右の書に出会えたら、かかりつけの名医に出会ったようなものでもある。

⊙「解決の扉」はいくつもある

「自分の頭で考えることなく、本にすぐ答えを求めるな」とよく言われるのですが、私は求めればよいと思うのです。何なら、そのままマネをしてもいいと感じています。

1人で悩むより、はるかにたくさんのヒントが本から得られるからです。

例えば、次のようなヒントを手軽に得られます。

●セオリーからヒントを得られる（やるべきことが明確になる）
●著者の実体験からヒントを得られる（スランプ脱出の手法がいくつかあることを知る）
●勇気をもらえる（もっとつらい状況でも大丈夫と知る）

そして、何より**本の良いところは、時間をかけなくていいところ**。

短時間のうちに自分が必要とする情報をピックアップできる点は見逃せません。

早ければ1日、長くても数日で、必要なヒントに触れることができます。

⦿本棚は、薬箱のようでもある

私は、本は薬のようでもある、と感じることがあります。

言うなれば、**本棚は薬箱のようなもので、その時の症状（課題や気分）に合わせて、読む本を薬のように取り出せる環境を作っておく**のも得策です。

今、横にある私の本棚を見ると、ずいぶん前に買った『あなたの身近な「困った人たち」の精神分析』（小此木啓吾、大和書房）という本があったりしますが、当時、ちょっと困った同僚に手を焼いており、ヒントを得ようとして読んだことを思い出します。

リーダーとして、なかなか相談しにくいこともあるものです。ぜひ、本にヒントを求めてみてはいかがでしょう。

例えば、ビジネスでのヒントが欲しい時は、ビジネス書は、まさに薬です。

戦略の本を読めば、「選択と集中」「競争優位性」の大切さを再確認できるものです。
「そうか、結果が出ないのは強みが不明確だし、戦略対象が不明確だからか…」と。

もし、**勇気が欲しいのであれば、経営者の本**もオススメです。

成功の裏にあった紆余曲折は、我々が想像しているより激しいものであることが多いからです。自分の悩みのちっぽけさに気づける効果があります。

「スティーブ・ジョブズですら、部下にクビにされたことがあったのか。でも、復活を果たせている…。何が必要なのか…」と気づきを得られるでしょう。

歴史小説、歴史書も同様の効果があります。

史実に基づき、主人公の人生をドラマチックに描いた多くの小説は、ダイナミックに挑戦をし続ける様を追体験できるでしょう。ソフトバンクの孫正義氏が「15歳の時に『竜馬がゆく』を読んだのがきっかけで、目からウロコが落ちた」と語っていることは有名です。

⦿「座右の書」を見つけ、それを何度も読み返す

座右の書に出会えると幸せです。まさにバイブルとしての役割を果たしてくれます。経営コンサルタントとして著名な小宮一慶氏は、『道をひらく』（松下幸之助、PHP研究所）を何度も何度も読み返し、そのたびに発見があると言います。

ヤマトホールディングスの木川眞会長は、『失敗の本質―日本軍の組織論的研究』（戸部良一ほか、中公文庫）を「読むたびにマーカーや付箋が増えている」「失敗事例を学べば、同じような失敗は必ず避けられる」と言います。（※①）

ちなみに、私自身の座右の書にもこの2冊は含まれており、何度も読み返しています。

ヒントが欲しい際は、ぜひ書店に足を運び、本をペラペラとめくってみてください。その上で、良さそうなものを迷わずに購入し、そこから「ヒント」を1つでも2つでもいいので、ピックアップしてみてください。きっと、解決の扉に早くたどり着くことができるでしょう。

Point

迷った時は、書店に行って本をペラペラとめくってみよう！

※①『PRESIDENT』（2015年8月31日号、プレジデント社）

06 社外の人との接点を増やす

もし、今の会社を追い出されたら、やっていける自信はあるだろうか。断言したい。あなたは100％やっていける。でも、その確信を持てないから不安になる。社内の人とだけしか接点がないと、いたずらに不安を感じるのだ。

◉「村人意識」が、孤独感を助長する

役職が上がるにつれ、「道徳的に考えると、本来はやるべきではない。でも、会社のためにやらねばならない」、そんな心のせめぎあいを経験するかもしれません。**狭い世界で重圧を感じると、どんなに優秀な人であっても、非合理的な判断をしかねないことを、リーダーは自覚しておかねばなりません。**

太平洋戦争の特攻隊は、まさにそうでしょう。

当時、特攻隊を送り出していた中尉がこんな言葉を残しています。

「たとえ特攻の成果が十分にあがらなかったとしても、この戦争で若者たちが国のためにこれだけのことをやったということを子孫に残すことは有意義だと思う」と。

21世紀を生きる我々からすると、違和感しかない考え方ですが、「我々も当時の日本に生きていれば、そう思ってしまったかも…」と考えるのが、リーダーが持つべき視座です。

そうならないためには、役職と責任を担うようになったら、**様々な常識に積極的に触れる機会を持つ**ことが極めて重要だ、と私は確信しています。

日本企業の多くは「村社会」だとよく揶揄《やゆ》されます。

「村社会」をウィキペディアで検索すると、このように記されています。

「有力者を頂点とした序列構造を持ち、昔からの秩序を保った排他的な社会」

20年ほど前、ある大手自動車会社にお邪魔した時、それを感じたことがありました。会長が廊下を大名行列のように部下を引き連れて歩いていく姿でした。その間、廊下が一時封鎖され、来客中のお客様も目の前を通りすぎる会長を眺めながら待つ、といった光景でした。

この会社はその後、不正を繰り返し、そのたびに新聞沙汰になっています。でも、1人ひとりの社員は極めて優秀な方が多く、また人情味があって、大好きな方ばかりでした。人としては、まさに尊敬できる、そんな方々ばかりだったのです。

社内の重圧で忖度《そんたく》が働き、判断が狂ったとしか思えません。

◉常に新しい常識を求める

重圧の中では、優秀さより、フラットさや視野の広さが極めて重要になります。判断を誤らないために、社内の常識ではなく、「別の視座」から考える習慣を持つことがリーダーには不可欠なのです。

仕事だと思って、他社の人と積極的に会い、「教えてもらう機会」を持ちましょう。

ベストセラー『LIFE SHIFT（ライフ・シフト）』（リンダ グラットンほか、東洋経済新報社）にも、こんなことが書かれています。

これからの時代、「エクスプローラー（探検者）」というステージが必要になり、多様な人たちとの接点を通じ、**それぞれの価値観を自分の価値観としてインストールする「るつぼ」の経験があることが望ましい**、と。

なるほど、似たようなことならできそうです。

リクルートで数々の情報誌を立ち上げ、「創刊男」との異名をとった、くらたまなぶ氏の著書にこんな一節があります。

「アポは『遠い人』を優先する」

これは、自分とは異なる価値観に触れることの大切さを意味する言葉です。

その点、営業職の方はラッキーです。お客様と仕事の話だけでなく、新たな価値観を聞かせてもらう、といったことも日常の仕事の中でできます。もちろん、内勤であっても、勉強会やセミナーを探して顔を出してみる、といったことでも十分です。

「干されたらつらい。だから、やらざるを得ない」と思うことはもうやめましょう。常にフラットな視座を持つことが、ますます必要になっています。

重圧を感じた時、様々な価値観を持っておくと、広い視野からの判断ができるため、無用な重圧から孤独を感じることはずいぶんとなくなるでしょう。

Point

リーダーになったら、「違う価値観」に触れる習慣を持っておこう！

07

時には、〝弱さ〟を見せたほうがいい

真面目でキッチリしているだけでは、部下との距離は縮まらない。リーダーに必要なことは、〝賢さ〟でも〝ソツのなさ〟でもなく、「人間くささ」。人間くささとは、「弱さ」である。自分の弱さを知り、その弱さを隠さないことも、リーダーには必要なのだ。

◉初めてのリーダーが陥りやすい失敗

リーダーだから、「弱みは見せるべきではない」「恥ずかしいところは見せられない」と考えているなら要注意。リーダーになってから精彩を欠く人の特徴に、「ポジティブすぎること」が挙げられることは少なくありません。

いつも元気で前向き。それは極めて大事なのですが、部下からしてみると、少し本音が見えない、といったことにもなるのです。

うまくいかない上司の典型は、ひとことでいうと「人間くさくない」、ということ。

従業員満足度の調査で意外とスコアが低く出るのは、このタイプがリーダーの組織です。

初めて役職が付き、肩に力が入っているという場合もありますし、意識することなく生来のポジティブさで突っ走っている人もいます。

いずれにせよ、それでは部下との距離は縮まりません。

この場合どうすれば良いのでしょうか？

リーダーになったら、あえて弱みを見せる、といったぐらいの適当さが必要なのです。

例えば、ある幹部はこんなことを言った時、みんなの心を一気につかみました。

「営業時代、あまりにしんどくて、客先に行かず、山手線を何周かした」

誰でもこれに近い経験はあるのではないでしょうか。

私も恥ずかしながら、大阪の環状線をまわったことを思い出しました。

「この人でも同じだったんだ」、こう思ってもらえる会話もリーダーには必要なのです。

一方で、サボったことのないリーダーは、あえて「弱み」「失敗談」を思い出してでも語ることをお勧めします。

◉弱みを見せるのも、強さである

以前、有名な合気道の師範と会話をする機会がありました。日本屈指の方なのですが、次のような質問をしてみました。

「ヤンキーに絡まれたらどうしますか?」と。

師範は言いました。

「怖いので、全速力で逃げる」と。

この返答には驚きました。でも、聞くとこういうことでした。

「想定外のことをする人は、やっぱり怖い。なので、全速力で逃げる」と。

でも、しつこくさらに尋ねてみました。「もし殴られたらどうするのか」と。すると

こんな返答でした。

「恨みを買わない程度の最小限の防御だけをして、全速力で逃げる」と。

どうでしょう。とても人間くさく感じませんか。お弟子さんたちもきっと人間味を感じていることでしょう。

よく言われることですが、やはり、こういうことです。

「本当に強い人ほど、怖がりであり、小心者だったりする」

だからこそ、弱みを見せることで、ぜひ部下との距離を縮めてみてください。

きっと、部下はこう感じるでしょう。

本当にすごい人だから、弱さを見せられるのだ、と。

これもリーダーとしての処世術です。

Point

リーダーになったら、あえて「失敗談」を語るようにしよう！

■本章の参考文献
・『リーダーシップの哲学』（一條和生、東洋経済新報社）
・『PRESIDENT』（２０１５年8月31日号、プレジデント社）
・『ＭＢＡコースでは教えない「創刊男」の仕事術』（くらたまなぶ、日本経済新聞出版社）
・『LIFE SHIFT（ライフ・シフト）』（リンダ・グラットンほか、東洋経済新報社）

〈著者略歴〉

伊庭正康（いば・まさやす）

1969年京都府生まれ。1991年リクルートグループ（求人情報事業）入社。営業としては致命的となる人見知りを、4万件を超える訪問活動を通じ克服。それでもリーダーになるのは避けていたが、ある時リーダーに抜擢されたことから一念発起。当初は「任せ下手」で苦しむも、うまくいっているリーダーの行動を徹底的に観察するなどして、独自かつ効果的な「任せ方」を体得。その結果、プレイヤー部門とマネージャー部門の両部門で年間全国トップ表彰を4回受賞（社内表彰は累計40回以上）。営業部長、㈱フロムエーキャリアの代表取締役など、重要ポストも歴任する。

短期間で成果を出す手法を駆使して「残業しないチーム」を実現したこと、また管理職を務めていた11年間、メンタルダウンする部下や入社3年以内の自主退職者を1人も出さずに済んだことが、ひそかな自慢。

2011年、企業研修を提供する㈱らしさラボを設立。営業リーダー、営業マンのパフォーマンスを飛躍的に向上させるオリジナルの手法（研修+コーチング）が評判を呼び、年間260回にのぼるセッション（営業研修・営業リーダー研修・コーチング・講演）を自ら行っている。リピート率は95%。

著書に、『強いチームをつくる！ リーダーの心得』『営業の一流、二流、三流』（ともに明日香出版社）、『「ゆとり世代」を即戦力にする5つの極意』（マガジンハウス）、『会社では教えてもらえない 残業ゼロの人の段取りのキホン』（すばる舎）などがある。

※無料メルマガ
「プレイヤーからリーダーへ、8つのチャレンジ」も好評
https://www.rasisalab.com/mailseminar

装丁――――――――――小口翔平＋山之口正和（tobufune）
図版・本文デザイン―――――桜井勝志

できるリーダーは、「これ」しかやらない
メンバーが自ら動き出す「任せ方」のコツ

2019年2月12日　第1版第1刷発行
2025年5月8日　第1版第25刷発行

著　者　伊庭正康
発行者　永田貴之
発行所　株式会社PHP研究所
東京本部　〒135-8137　江東区豊洲5-6-52
ビジネス・教養出版部　☎03-3520-9619（編集）
普及部　☎03-3520-9630（販売）
京都本部　〒601-8411　京都市南区西九条北ノ内町11
PHP INTERFACE　https://www.php.co.jp/

組　版　有限会社エヴリ・シンク
印刷所
製本所　TOPPANクロレ株式会社

ISBN978-4-569-84237-0